酔いどれの鉄腕。

野球と酒を愛した鷹のクローザーの回顧録

佐藤道郎
Michio Satoh

この本を、今は亡き恩師2人に捧げます。
野村克也さんは僕に野球を
稲尾和久さんは人間を教えてくれました。

——佐藤道郎

PROLOGUE［序章］

某月某日『野球小僧』

「いまだに熱心な南海ファンは多い。なんであんなに大阪球場がガラガラだったのか不思議になるくらいさ」

都内『学芸大学駅』から徒歩3分ほど。
小さな看板を目印に狭い階段を上がっていくと、
会員制スナック『野球小僧』がある。
店主は元南海ホークスの右腕、佐藤道郎さんだ。

いらっしゃい。久しぶりだね。きょうは何を聞きに来たの。もう連載（『週刊ベースボール』で2022年7月11日号まで掲載）は終わったでしょ。

へえ、俺の話を本にしてくれるのか。ありがとう、お客さんにも宣伝しておくよ。

あらためて聞きたいことがある？　いいよ。確かにまったく同じじゃ面白くないしね。まだ開店まで時間があるけど、まずはビールを1杯飲んでからにしようか。それとも焼酎がいいかい。1杯目はサービスするよ。

看板か。みんなに言われるよ、『野球小僧』の文字がなぜ横なのかってね。俺は『球』の一文字だけ横にして、ボールが転がっている感じにしたかったんだが、看板屋が間違えたんだ。ちゃんと紙に書いて渡したんだけどね。開店まで時間がなかったし、出来上がっちゃったから、まあ、仕方ねえかと。

この名前だし、俺が店主だから、お客さんは野球が大好きな人たちばかり。昔からの南海ファンや、このあたりで草野球をやっている人もいる。関西から出張で来たついでという お客さんもいるよ。南海で同期入団だった堀井和人が大阪のミナミでスナックをやっていて、あいつの紹介もあったりね。最初から俺の店と分かっている人だけじゃなく、常連さんがほかの店でお客さんを接待していたら、南海ファンと分かって連れてきたということもあった。接待で使うほど高い店じゃないんだけどね。

南海がなくなって、もう30年以上がたっているけど、いまだに熱心なファンは多い。野村さんのことや俺の記録とか、すごく詳しいんだ。こっちが「そうだっけ?」と聞き返すくらいにね。なんで大阪球場があんなにガラガラだったのか不思議になるよ。

南海はダイエーに身売りしちゃったけど(1988年オフ)、それは仕方ない。赤字を出しっぱなしというわけにはいかんだろうしな。ただね、俺は別に名前が『ダイエースーパーズ』でもいいから、大阪にあってほしかったんだ。

引退はしていたけど、大阪のど真ん中にある球団出身というプライドがあったからね。

この本のタイトルはどうするの。『酔いどれの鉄腕』? へえ、俺より稲尾さんのほうがしっくりしそうだな。
まあ、いいや。いい本つくって、しっかり売ってよ。

〔主な登場人物〕

佐藤道郎／この本の語り手で、『野球小僧』店主。日大三高から日大に進み、現役は南海、大洋。コーチはロッテ、中日、近鉄で、最後は中日二軍監督。ミチ、みっちゃん

佐藤友太郎、弥生／両親

友保、篤子／きょうだい

絵里、友里／娘

元ヨメ／最初の奥さん、二番目の奥さん

川本信幹／中学時代の野球部監督。愛称は「シンカン先生」

青木久雄／日大三高時代の野球部監督。ロマンチスト

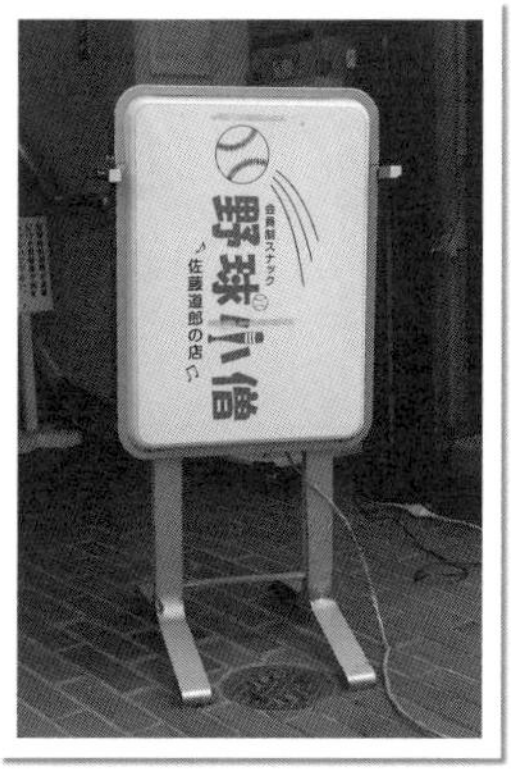

野村克也／南海の兼任監督。捕手
ブレイザー／南海のヘッドコーチ
杉浦忠、**皆川睦雄**、**広瀬叔功**、**古葉竹識**、**富田勝**、**渡辺泰輔**／南海の先輩
江本孟紀、**門田博光**、**山内新一**、**堀井和人**、**黒田正宏**／南海で同学年のチームメート
福本豊／阪急の誇る世界の盗塁王。同学年
太田幸司／近鉄のアイドル投手。佐藤氏が大学時代に学生コーチとして指導
野村沙知代／野村克也夫人。サッチーさん、マミー
別当薫／大洋1年目のときの監督
松原誠、**山下大輔**／大洋のチームメート。飲み仲間
落合博満／ロッテ、中日コーチ時代の選手、中日二軍監督時代の一軍監督
水島新司／かわいがってくれた漫画家の先生
稲尾和久／ロッテコーチ時代の監督。西鉄の伝説の大エース
村田兆治、**仁科時成**／ロッテコーチ時代の選手
星野仙一／中日コーチ時代の監督。仙さん
髙木守道／中日コーチ時代の監督
小松辰雄、**郭源治**、**山本昌**／中日コーチ時代の選手（山本昌は二軍監督時代も）
鈴木啓示／近鉄コーチ時代の監督
野茂英雄、**吉井理人**、**石井浩郎**／近鉄コーチ時代の選手
吉見一起、**チェン・ウェイン（陳偉殷）**／中日二軍監督時代の選手
衣笠祥雄／広島の鉄人
王貞治、**長嶋茂雄**／巨人のＯＮ。少年時代からのあこがれ

CONTENTS　目次

［第2章］

南海時代

[第3章] 横浜大洋時代

[第4章] ロッテコーチ時代

［第5章］中日コーチ時代

［第6章］近鉄コーチ時代

［第7章］

中日二軍監督時代

［球団名。球場は佐藤氏の在籍時］

南海＝南海ホークス。本拠地は大阪球場。現・福岡ソフトバンクホークス、横浜大洋＝横浜大洋ホエールズ。本拠地は横浜球場。現・横浜DeNAベイスターズ、ロッテ＝ロッテ・オリオンズ。本拠地は川崎球場。現・千葉ロッテマリーンズ、中日＝中日ドラゴンズ。本拠地はナゴヤ球場、ナゴヤドーム（現・バンテリンドーム）、近鉄＝近鉄バファローズ（大阪近鉄バファローズ）。本拠地は藤井寺球場、大阪ドーム（現・京セラドーム）

第1章 ▶

日大三高、日大時代

「先輩に『タバコください』って1本もらい、鼻をつまんで吸って、鼓膜が破れたほうの耳から煙を出したんだ」

1947年生まれの団塊の世代。日大三高でエースとなるも甲子園には届かなかった。その後、日大では4年時に東都大学リーグ春秋連覇の原動力に。1969年秋のドラフト会議では、野村克也が兼任監督になったばかりの南海ホークス（現・ソフトバンク）から1位指名を受ける。

悲しきトランペットと初志貫徹のロマン派監督

まずはオギャーと産まれてから南海入りまでの話をしようか。

オヤジ（佐藤友太郎）は新潟県の小千谷市という雪深い町で、醤油《しょうゆ》会社の三男坊として生まれた。結構、大きな会社だったらしいよ。子どもがみんな跡を継がなかったんで、経営を番頭さんに譲ったと言っていた。

オヤジの兄弟はみんな頭がよくて、一番上が佐藤弥太郎さんで京大の名誉教授、次男が佐藤道太郎さんで名古屋大の名誉教授だった。俺の名前の「道」は道太郎さんかららしいね。オヤジも東大出で、パンのイースト菌を研究して紫綬褒章《しじゅほうしょう》をもらった学者だし、おふくろ（弥生）の実家も新潟の新津市で医者をしていた。俺のきょうだいは兄貴（友保）と妹（篤子）だけど、どっちも頭は良かったよ。要は俺以外、みんな頭がいいんだ。

言い訳をさせてもらえば、勉強では3つ上の兄貴が期待されていて、俺は「勉強しろ」と言われたことがなかった。自由にさせてもらってありがたかったけど、無理やりにでも勉強をやらされていたら、もしかもしかで、俺も学者さんになっていたかも……いや、それはないか。

兄貴と妹は、東京の中野の家でお産婆さんが取り上げたけど、俺は、おふくろが新津に里帰りして産んだ。昔、4つ下の妹が「お兄ちゃまと私は東京生まれだけど、みっちゃんは新潟生まれ」ってよく言ってたよ。

オヤジは旧制中学で野球部に入っていたけど、どちらかと言えば、おふくろの血が濃いと思う。バスケットボールと陸上をやっていて、砲丸投げで全国3位になったこともある。そこから、つぶれない肩をもらったんじゃないかな。プロに入って「お前は、砲丸投げみたいな汚いフォームだな」って言われたこともあったけど、それも血筋ってやつさ。

小学校では運動部じゃなく、化学部に入った。痩せっぽちだったが、背は高かったし、スポーツも得意だったよ。野球も嫌いだったわけじゃない。男の子の遊びと言えば、野球だったしね。このときはまだ、オヤジの血が濃かったのか実験が面白そうだと思ったんだ。ただ、野球部が、どうしようもないくらい弱かったんで、大会になると顧問の先生から「佐藤、投げてくれよ」と言われ、助っ人で入ってピッチャーをしていた。自慢じゃないが、俺が投げたときは、そこそこ勝っていたと思うよ。

中学は校則でスポーツ系の部に必ず入らなきゃいけなかった。最初は華やかでいいなとテニス部に入ろうと思ったけど、いっぱいだったんだ。俺は指が短いから、バスケ、バレーボールは大きいボールがうまく扱えず苦手だった。じゃあと卓球部にしようかと思って行ったら、やっぱりいっぱいで、野球部に入った。仕方なくね。テニスや卓球はイメージと違う？　俺だって昔からごつかったわけじゃない。華奢《きゃしゃ》でかわいらしい子だったんだよ。

でも、そこでいい出会いがあって野球が大好きになった。国語の先生で野球部の監督だった川本信幹先生。俺らは「シンカン先生」と言っていた。あとになって、日体大の教授にもなった人さ。話が面白いし、すごくいい先生だった。ただね、この先生、試合に負けると、教室でトランペットを吹くんだ。しかも物悲しい曲を。それを聴いて、こっちはダブルパンチでドンと落ち込む。

やっているうちに完全に野球にはまった。高校に入るときは、甲子園に出たいという夢もできて、強い高校に入りたいと、近くの法政一高と日大三高を受けることにした。試験は最初が法政一高で、こっちはすんなり合格。だけど、俺の中の本命は日大三高だった。女優の倍賞千恵子さん、美津子さんの姉妹がいるよね。2人の間にいた明さんが三番・ファーストでいた時代で、1962年の春夏と甲子園に出て、センバツで準優勝もしている。テレビで見て、あの胸に刺繍《ししゅう》がある日大三高のユニフォームにあこがれていたんだ。プレーもスマートで、東京のチームらしかったしね。

野球で入れるような実績はなかったんで、日大三高は一般試験を受けた。むちゃくちゃ難しい試験だったよ。合格発表は、オヤジと見に行ったけど、案の定、名前がなかった。やっぱりダメかと落ち込んでいたら、あとで補欠試験の連絡をもらって、面接をすることになった。ひょろひょろと背だけは高かったこともあったのか、「君は何かスポーツをやりたいの」と聞かれ、「野球です」と答えた。そしたら面接の先生が「ほお」と言って顔色が変わったんだ。本当のところは分からんが、それで合格したのかもしれんね。

当時の日大三高は野郎校（男子高）だった。荒れていたわけじゃないが、それなりにバンカラ。野球部もスマートなのはプレーだけで、やっぱり練習や上下関係は大変よ。ただ、野球は理論派でね。「野球学校」とも言われ、技術や作戦の研究はすごくしていた。

監督は青木久雄さんという方で、当時、相手がいたのかどうかは知らないが、「俺はお前たちが甲子園に行ったら結婚する！」と言っていたロマンのある人だった。体が小さいんで、俺を殴るときはいつもジャンプしていたけどね。

日大三高の先輩には、亜細亜大から東映（現・日本ハム）に入った大橋穣さんがいた。高校時代から守備はすごかったね。プロは東映から阪急（現・オリックス）に移籍して、あの人のために西宮球場のショートの後ろの芝生が刈られたんだ。肩が強く、ほかの人より、かなり深い位置で守っていたからね。いろいろなショートを見てきたが、あんなにうまい選手はいなかったな。

高校3年の夏は俺がエースで東京大会の決勝まで行った。相手は同じ系列の日大二高。向こうは共学でね。だからと言うわけじゃないけど、こっちのほうが間違いなく強かったから、「これで甲子園に行ける」とみんな思っていた。でも、負けたんだ。そのあと日大で一緒になる神山修がいいピッチングをして0対2でね。ガッカリさ。

青木さんは、もう1年くらいやってから監督を辞められて、二松学舎大付高の監督になった。そこで甲子園に行って結婚されたみたいだね。やっぱりロマン派だ。

日大では授業に行こうとすると先輩に殴られたよ

甲子園にも出られなかったし、そのときはプロから声なんて掛けられなかった。ただ、野球は続けたいと思っていたから、日大に進んだんだ。学部は経済学部。おふくろからは「不経済ばかりしているのに何が経済学部だ」って言われたけどね。

でもさ、大学では先輩に「お前は何学科だ」って言われて、「経済学部経済学科です」と答えたら「違う！　お前は硬式野球部投手科だ」って言われ、授業に行こうとすると、

「行かなくていい。そんな暇があったら練習しろ！」と殴られた。

荒っぽい時代だったよ。学生運動が盛んな時代で、日大は特にすごかった。椅子や机を積み上げたバリケードがあってね。体育会系は特待生も多かったし、まあ、学校側だよね。下級生やレギュラーになれそうもないやつらは、よく学生のデモ警備で駆り出されていた。練習を休めるからみんな喜んでいたよ。相手に殴られたりすることもあったらしいけど、俺らは殴られるのは慣れてるからね。

大学時代は、ほんとよく殴られた。相手はもちろん先輩。殴られる理由はなんでもありさ。顔が気にくわん、とか言われてね。顔は親にもらったもんだし、変えられないのにな。「お願いします！」で殴られ、そのあとは「ありがとうございます！」と言わなきゃならない。何がありがとうございます、だよね。

面倒臭かったのは、日大は部員がたくさんいるんで、上級生の顔をなかなか覚えられないんだ。だって、寮も一軍、二軍、三軍で3つもあったんだよ。三軍の寮はひどかったな。玄関の靴の並びからして汚ねえし、俺ら下級生が行ったら、すぐボコボコにされたよ。しかも、練習にほとんど出てこない人もいたんで、街で会っても、向こうが私服なら声を掛けられない限り分からない。なのに次の日、「きのう、お前はなんであいさつしなかったんだ！」って殴られたからね。

俺は日大三高からだから、ほかの1年生部員より早い時期から練習にも出てたけど、なんだかんだ理由をつけて殴られまくって、1週間くらいで鼓膜が破れた。マネジャーに診断書を持っていって「しばらく休ませてもらいたいんですが」と言ったら、「診断書なんか医者に50円渡したら誰でも書いてもらえるんだ」って受け取ってもらえなかった。

さぼるためのウソだと思ったんだろうね。こっちもムカッとして、マネジャーに「タバコください」って1本もらい、鼻をつまんで吸って、鼓膜が破れたほうの耳から煙を出したんだ。それを見て、さすがに「よし、休んでいい」ってなったけどね。

今のガールズバーみたいなもんかな。円形のテーブルの中に女の子がいて、その周りで飲む店によく行っていたんだけど、これをよくやった。女の子が「わあ、すごい」と喜んでくれたからね。1年生なら未成年？　大学生なんて、みんなそんなもんでしょう。でも、あるとき耳鼻科に行って、この話をしたら、先生に、「ダメだよ。脳にニコチンで影響が出るかもしれない」と言われてやめたけどね。

そこから2カ月くらい練習にも学校にも行かないで、新宿の歌舞伎町の雀荘でアルバイトしていた。なんかバカバカしくなって野球部もやめる気だったんだ。

戻ったのは新人戦の前に、新人監督に「佐藤、投げてほしいから出てこいよ」と言われてね。不思議なもんで、ず〜っと野球やってると遊びたくなるが、ず〜っと遊んでいると野球をやりたくなるんだよ。根は野球好きだしね。戻ったら10日間くらい「2カ月もなんで休んだんだ！」って殴られまくったけどな。

ブランクはあったけど、ピッチングは自信があった。でも、監督から学校の出席日数が少ないから授業に出ろ、と言われ、1年生のときはリーグ戦で投げてない。投げ始めたのは、2年生の春からで、背番号は5をもらった。

5しか空いてなかったからだけど、俺はそのあとエースになってもずっと5を着けた。誕生日が5月5日だし、もともと好きな数字だったんだ。南海時代はたまたまだけど、野村克也さんが足して5になる背番号14を選んでくれた。実は、日大三高で最初にもらった背番号も14だったんだ。不思議なもんだよね。

あとの話だけど、南海時代、ミナミの飲み屋で、きれいな女性がいた。口説こうと思ったわけじゃないが、何となく話をしたら、この人が占い師でね。「5はあなたにとって大切な数字です」と言ったんだ。俺の誕生日や背番号なんて知らんはずなのにね。

ちょっと背筋がゾクッとした。もちろん、相手が美人だからじゃないよ。

夢のお告げでノーワインドアップにし、すいすい完封

2年生の秋、日大は創部以来、初の二部落ちをした。俺はもうエース格になっていて、このシーズンの4勝10敗のうち、4勝はすべて俺の勝ち星だった。名門・日大が二部落ちだから、OBも怒って怒って……。いろいろな意味で、あのときはすごかったね。

3年生の春はダメだったけど、秋は二部で優勝して、入れ替え戦では、近鉄に行った芝池博明さんがエースだった専修大に勝って何とか一部に復帰。ホッと一息だね。でも、4年生の春は一部で中央大とやってボコボコに打たれ、次も駒澤大戦で打たれた。正直、かなり落ち込んだよ。力の差は感じなかったけど、一部って何か違うのかなって思ってね。

その夜、寮の部屋で、たまたま報知新聞を読んでいたら、巨人に行った堀内恒夫のノーワインドアップの連続写真が出ていたんだ。堀内は俺と同学年だけど、あいつは入団4年目で、もう巨人のエースになっていた。

当時はみんな振りかぶっていたから、ノーワインドアップって珍しかったんだ。「へえ、こんなフォームなんだ」とか思いながら見ていたら、そのまま寝ちゃった。そしたら夢の

中で、俺がノーワインドアップで投げていた。すげえ気持ちよくすいすいとね。

翌日の駒澤戦も投げることになっていたんで、これならいけるかなと思って、実際の試合でやってみたら、コントロールもよくなって完封勝ちさ。監督の河内忠吾さん（元阪神）に「どないしたんや」と言われ、「夢の中で投げたら、気持ちよく投げられたんで、やってみたんです」と答えたら、それを記者も聞いていて、新聞に「夢のお告げで好投」ってデカデカ出た。そこからずっとノーワインドアップでやるようになったんだ。堀内さまさまだね。

春は一人で8勝してチームも優勝。昇格のシーズンに優勝は史上初だったらしいよ。全日本大学選手権は東海大の上田次朗（のち阪神ほか。当時は二郎）と決勝で投げ合って負けたけど、大学日本代表にも選ばれた。まだ日米大学野球はなく、台湾の台北でやったアジア選手権の代表ね。優勝して、早稲田大の谷沢健一（のち中日）がホームラン王で、俺は2勝でMVPになった。ノーワインドアップを珍しがって、いろいろ質問されたよ。

リーグ戦は秋も8勝して連覇。俺は春秋連続でMVPになった。この昇格連覇は史上初で、今もないんじゃないかな。

年間16勝はずっと東都の記録だったらしいが、そんなに気にしてなかった。ホークスに入った東洋大の大場翔太に抜かれたとき（2007年）、「日大・佐藤の持っていた記録を抜いた」と新聞に出ていて、「へえ、まだ俺の記録があったんだ」と思ったくらいさ。

日大では大相撲で横綱になった輪島（故人）と同学年だったけど、ほとんどしゃべったこともない。すれ違ったら「よお」とか、あいさつする程度さ。俺はガラケーなんで見たことないが、ウィキペディアに、あいつが俺を怖がっていたみたいに書かれていたと聞いて、びっくりしたことがある。もう消されたみたいだけど、困ったもんだね。

ベースボール・マガジンに入社していたかもしれない

そうそう、俺は、おたくの会社に入っていたかもしれないんだよ。

あれは日大での4年生の春のリーグ戦が終わったくらいだったのかな。オヤジが「後輩の池田と会ったから、頼んでおいたぞ。お前、ベースボール・マガジン社に就職しろ」と言いだした。おたくの池田恒雄会長（当時社長。故人）が中等学校時代、オヤジの野球部の後輩で、時々会うことがあったらしいね。

オヤジには「いや、俺はプロに入るからいいよ」と言ったけど、ピンと来てなかったみたい。俺の試合なんて見に来ないし、当時の東都大学リーグは、よほどのことがない限り、新聞に載らないからね。

そのあと池田会長が俺のことを調べたら、ドラフトの上位候補にいるというのが分かって、オヤジに伝えてくれた。それでまたオヤジがすごく喜んだ。勉強できないし、どうしようもないやつと思っていたんだろうな。それがプロ野球のドラフト上位候補だからね。


プロはどの球団でもよかったけど、広島と西鉄（本拠地は福岡。現・西武）は遠くて嫌だなと思っていた。そしたらドラフトで南海が1位で指名してくれたんだ。1位なんて思ってなかったからびっくりさ。俺の目立った活躍は大学4年の1年だけだしね。

今みたいに全球団の試合がCSで中継される時代じゃない。東京にいたら、ほぼ巨人戦しかやってないから、ほかの球団、特に巨人戦がないパ・リーグはほとんど分からなかった。南海の選手で知っていたのは、野村さんと杉浦忠さん、皆川睦雄さん、広瀬叔功さんくらいかな。今思うと最高のチームに選んでもらったと思うよ。南海というか、野村南海が俺にとって最高だった。

広島、西鉄以外に嫌だなと思ったチームがあった。ジャイアンツさ。嫌いな球団じゃなく、むしろ好きだったけど、さけたいなと思っていた。オヤジが大の巨人ファンで、小学校のときは、巨人が勝つと宿題に鉛筆で答えを書いてくれ、俺がそれを書き直して提出していた。でも、負けたら「そんなの学校で教えてないの？」と冷たい、冷たい。オヤジは血圧が高かったし、俺が勝った負けたで一喜一憂して倒れられたら大変だなと思って、巨人だけは行くまい、それが親孝行かなと思っていた。

日大時代の佐藤氏

第2章 ►

南海時代

「〝あんちょこ野球〟と言っていた。
言われたとおり投げりゃいいんだから楽さ。
打たれたら監督が悪いと思うと腕も振れるでしょ」

ドラフト1位入団の南海では1年目の1970年から抑えで起用され、
いきなり最優秀防御率と新人王を獲得。その後も
主に抑えとして入団から7年間で5度のリーグ最多登板、6度の最多交代了。
規定投球回には2年目以外8年目まですべて達している。

ユニフォームを着ると大きくなった野村監督

ドラフト会議（1969年秋）で1位指名されたあと、野村克也さんが中野の実家まであいさつに来てくれたんだ。オヤジがうろたえちゃってね。「おかあさん、寿司とか刺身を用意しないと」って大騒ぎになった。ふだん有名人を見ることなんてないしね。

こっちはガクランで向こうは背広、ネクタイだった。そこで「来年から監督になる野村克也です。息子さんをドラフト1位で指名させていただきました」と少し緊張した様子であいさつをして頭を下げてくれた。野村さんは、兼任で監督になったばかりだから、俺が野村南海の栄えあるドラフト1位第1号だったんだね。

野村さんの最初の印象は、三冠王（1965年）を獲ったすごい方というのは、もちろん知っていたけど、結構、小さいんだなって。でもね、キャンプでユニフォーム姿を見たらでかいんだ。ああ、これがオーラだなと思った。

入団発表は大阪球場でやった。そのあとスカウト部長から「契約金を渡したいんですけど、現金がいいですか、小切手がいいですか」と言われ、「小切手がいいけど、日大の連中とお祝いしたいんで、100万円は現金でもらっていいですか」とお願いした。そんな大金まとめて持ち歩いたことなかったから、新幹線に乗ってるときは、ちょっとドキドキしたよ。おかしな動きをするやつがいたら、俺の金を狙ってるような気がしてね。

契約金は1700万円。谷沢健一（中日1位）と、新宿の『熊の子』という大学野球の選手のたまり場みたいになっている飲み屋で会ったとき、あいつは2000万円もらったと言って、上田次朗（阪神1位）もやっぱり2000万円だった。2人には「お前はそれしかもらってないのか」と言われちゃったよ。

いろいろな人に聞いたら、その前は大卒のドライチなら契約金3000万円とかも当たり前だったらしい。黒い霧事件（1969年から1970年に球界を騒がせた八百長疑惑事件）で金額が抑えられたみたいだね。

帰ったら15人くらい日大の仲間を呼んで、新宿のチャイナタウンに飲みに行った。仲間は背広やガクランといろいろだったけど、俺はおふくろに「こういうときは着物でしょ」と言われて和服だった。当時は痩せていたから、おなかにタオルを入れてふくらましてね。着物って、多少、お腹が出てないと決まらないんだ。でもさ、当時だって着物で街を歩いている人は多くない。われながら、なんだかヤクザ映画みたいだなって思っていた。

年が明け、自主トレは中百舌鳥（大阪。選手寮と二軍グラウンドがあった）のグラウンドでやった。そこで杉浦忠さんから「おい、キャッチボールしよう」と言ってもらったけど、思うところにボールが行かなかった。「ここ（胸）でいいんだぞ。落ち着いて」と言われても、やっぱり大スターだからね。血染めの熱投で、日本シリーズでは対巨人4連勝（1959年。同年リーグ戦は38勝4敗）の雲の上の人。すごく緊張したし、話し掛けてくれるだけでうれしかったよ。

こりゃ2、3年は走り込まなきゃ無理だな

キャンプが始まってからだけど、ブルペンに入ったら、名前も聞いたことがない選手ばかりなのに、みんな球が速くてびっくりした。変化球もカーブがギュンギュン曲がる。完全に圧倒されちゃった。

日大三高や日大でもそうだったんだ。最初にブルペンに入ると、みんな俺よりはるかに速かった。というか、俺が大して速い球がなかったこともあるけどね。

そのたび、「うわあ、すげえ。俺は通用しねえかもしれないな」と思うけど、いざ、試合になって打者が立ったら、みんなそうでもないんだ。あれだけブルペンで気持ちよさそうに投げていた連中が、途端に球速が落ち、ストライクが入らなくなる。なんで？　とすごく不思議だった。バッターが一番怖いのは速い球なのに、みんなコースを狙って腕が縮こまったり、変化球を多投して自滅するんだよね。

例に出しちゃ悪いけど、阪神の藤浪晋太郎がそうだよね。160キロ近い球があって、スライダーもいい。俺みたいに142、3キロしか出なかった男から見たら、ああいう選手はうらやましいし、もったいないんだよな。

あの球があれば、試合でも一カ所打撃くらいのつもりで、どんどん真ん中に投げれば抑えられる。全部、クリーンアップみたいに神経質にやるから大変になるんだ。「バッターもお前の球にビビッてるんだから、相手を見下して投げればいいんだよ」と言いたくなる。日本には、まだ打率4割を超えたバッターはいない。いいときのイチロー（元オリックスほか）だって、6割以上失敗していたんだ。ポスティングでメジャーに行くらしいけど、環境が変わるんだから、開き直ってやってほしいね。

それにさ、ピッチャーはどうやったって一人じゃ勝てない。野手に打っていただいて、守っていただいて、やっと勝てるんだ。この〝いただいている〟が肝さ。俺も若いときはそうだったけど、味方が打てないとイライラして三振狙いの独り相撲になったり、バックがエラーしたら「エラーしやがって！」と顔に出たりする。でも、助けてもらっているんだ、という考え方になると、すごく楽になるし、自然と試合のリズムもよくなるんだよね。全員を完璧に抑え込む必要もない。野球はバットにボールを当てさせない勝負じゃないんだ。ゴロやフライのアウトもある。走者を出したってホームにかえってこなきゃ点にならないしね。

点数もそうさ。例えば3点差で勝っていたら、2点までは取られてもいいんだよ。コーチのときはこう言った。「3点リードしているんだから、今、お前の財布には3万円あるようなものさ。2万円は思い切って使ってしまえ」ってね。

1万円も残るんだから、パチンコでも、もうひと勝負できるでしょ。

話を戻すけど、南海で最初にブルペンに入ったときは「こりゃ2、3年、走り込んでからじゃなきゃ無理かな」と思った。

俺は大学時代、ほとんど走らなかったからね。別にさぼってたからじゃないよ。いや、さぼっていただけじゃないよ、かな。もともと走るのが嫌いというのもあったけど、ピッチャーは、走るより投げて下半身を鍛えたほうがいいんじゃないかと、ずっと思っていたんだ。肩が強いのもあって、いくら投げても平気だったしね。

カネさん（元・国鉄―巨人の400勝左腕・金田正一。「野球選手は走らにゃいかん」が信条だった）には怒られたかもしれんけど、マウンドの傾斜を使い、股関節を意識しながら投げ込みをすれば、必要な下半身の筋肉は鍛えられると思っていた。走るより合理的だと思うんだけどね。

ただ、そのときは、そんな考えが吹っ飛ぶくらい差を感じたんだ。

大学を卒業するためとウソを言ってキャンプをさぼる

春季キャンプは高知の土佐中村からだった。練習もきつかったけど、まず嫌だったのがグラウンド整備。午前10時から練習開始なんだけど、新人は高卒も大卒も社会人出も朝9時からグラウンド整備をさせられたんだ。

冗談じゃないよね。グラウンド整備は高校1年でもやったし、大学1年でもやった。なんでプロに来て、またしなきゃいけないんだと思っていた。しかも、俺たちは旅館からバスでまとまって移動していたけど、ベテランの主力は別行動で、マイクロバスで11時くらいに来て、ちょっと練習やって昼飯食って帰るんだ。うらやましいというか、腹立たしいというか。野村さんは少し嫌そうな顔をしていたけど、監督1年生だから、言いづらかったみたいだね。

南海は元監督の鶴岡一人さんの時代に「グラウンドには銭が落ちている」っていう有名な言葉があった。グラウンドで汗を流し、グラウンドで結果を出すことで給料が上がるということだよね。その伝統もあって、下っ端ほど練習時間が長く厳しかったし、逆に結果さえ出せば好きにしていいという雰囲気もあった。

練習が長いのは嫌だけど、結果を出せばいいというのは、俺には合っていた。あのときも「よし、来年はあのバスに乗るぞ！」と思っていたからね。でも、１年目、新人王を獲り、「よし、俺もマイクロバスだな」と思っていたら、野村さんが「ピッチャーは全員一緒に帰れ！」と言いだした。マイクロバスの特別扱いもなしになってガクッさ。

１年目のキャンプは、あんまりきつくて、ちょっといいこと、いや、ズルを思いついた。マネジャーに「監督に言ってもらえますか。大学の単位が足りなくて、このままだと卒業できません。補習授業に行きたいんです」とお願いしたんだ。野村さんは「そうしたら単位を取れるのか」と言ってくれたんで「頑張ってきます！」と東京に帰った。

大ウソさ。本当は１００《パーセント》卒業できない。もともと、まったく単位が足りないからね。東京に帰ってきても、もちろん学校なんて行かない。毎日、明るいうちから仲間と酒を飲んで「やってらんねえよ、練習きつくてさ」と愚痴ってた。

それで1週間くらいしてキャンプに戻ったら、野村さんが「おお、ミチ、どうだった？」って言うから「ありがとうございます。おかげでうまくいきました」と答えた。そのあと何も聞かれなかったけど、たぶん、野村さんはずっと、俺が日大を卒業できたと思っていたはずだよ。

悪いやつだね、俺も。

腕を下げて投げていたら終わっていたかもしれん

みんなのイメージは、野村さんのキャンプと言えばミーティングだと思う。毎日20時からみっちりやったよ。でも、選手はメシ食ってからだし、酒も入ってるから、目がトローンで眠たいのよ。野村さんは酒を飲まないからギンギラだけどね。

しかも、当時の野村さんは、話がうまくなかった。聞いてると、「こうこうで」と話して、次に答えだなというタイミングで「ああ……」「うう……」が始まって言葉が出なくなり、タバコを吸いだしたりする。のちにテレビで理路整然と話しまくっている姿を見て、びっくりしたよ。変われば変わるもんだね。

あのころの野村さんは、ヤクルト時代みたいな大監督じゃなかった。もちろん、すごい選手だし、すごく優秀な監督だったよ。でも、まだ新米監督で、年が同じくらいの選手が結構いた。どういう態度で接すればいいのか、迷っているというか、やりにくそうにしたのも覚えている。

そりゃそうだよね、野村さんもまだ35歳なんだから。

俺の話に戻るが、ブルペンだけじゃなく、キャンプは紅白戦もひどかった。投げるとチェンジにならない。カンカン打たれてね。守っている味方にヤジられたよ、「それでもドラフト1位か。ふざけるな！」って。

投手コーチの古谷法夫さんには「今のままじゃダメだからフォームを変えろ。腕を下げなさい」と言われちゃった。慌てて「僕は大学時代からずっと上から投げてきたんです。1年間だけ上でやらせてください」と頼んで、なんとかやらせてもらった。たぶん、横からにしたら、そこで終わりだったと思うよ。俺の体の使い方はオーバースローが合っていたからね。気合とはったりで投げていたように思うかもしれないが、ピッチングの研究は高校時代からやって、俺には、このフォームが合っていると思っていた。

昔は制球難の投手を横からに変えるのが珍しくなかったけど、斎藤雅樹（元巨人）は別格として、うまくいかないことのほうが多い。なぜか分かるかい？　腕の高さしか言わないからさ。腕を横にするなら腰の回転も変えさせなきゃいけない。腰の回転はオーバースローで、手だけ横じゃおかしいでしょ。変えさせるなら、そこまでやらなきゃいけないんだ。斎藤のときは、当時の監督の藤田元司さんが、「斎藤の腰の回転ならサイドのほうが合っている」と言ったそうだけど、それなら正解。大事なのは、その選手の体の使い方に合ったフォームなんだ。横にしたらコントロールがよくなるだろうは安易過ぎだよ。

俺のフォームは、エモ（江本孟紀。72年東映から移籍）には「威嚇《いかく》してから投げる」とよくからかわれたが、左手を上に突き出して少し担ぎ投げっぽかった。決してきれいじゃないけど、悪いフォームじゃなかったと思うよ。あれだけ投げても壊れなかったんだから、理にかなっていたんじゃないかな。

だいたいさ、基本、基本と言うけど、それを言いだしたら、みんな同じフォームになってしまうでしょ。山本昌（元中日）がそうだけど、自分の体に合った、いろいろなフォームがあっていいと思うし、だから野球は面白い。

要は、基本は基本で大事。だけど、プロならそれにプラスして、自分の体に合わせていろいろ足したものが、本当の意味での基本だと思うけどね。

幸い俺は、オープン戦になって、相手がほかのチームになったら抑えるようになった。要はインコースに思い切って投げられるようになったからさ。紅白戦は味方に当てちゃ悪いと思ったし、そもそもキャッチャーが内角のサインを出さなかったからね。ありがたいことに、それで横手への転向話も立ち消えになった。

野村さんが「ミチは実戦的だな」と言っていたこともある。直接じゃなく、新聞記者にしゃべっているのを横を通り過ぎながら聞いたんだけど、「よし！」って思ったね。

肉ばかり食べていたら2年目に痛風になっちゃった

俺が南海に入ったとき、日本を代表する伝説のアンダースローピッチャーが2人いた。杉浦さんと皆川睦雄さん。2人は野村さんと同じ昭和10年（1935年）生まれで、俺とは一回り違う。

杉浦さんは右腕の血行障害もあって長いイニングを投げられなくなり、俺の1年目が現役最後の年になった。試合ではあまり投げてないけど、やっぱり大投手は違う。まだまだ球にキレがあった。最後まで、そんなに打たれてなかったと思うよ。

試合じゃないが、俺が「この人、すげえな」と思ったのは、大阪球場の外野でキャッチボールをしていたとき。杉浦さんはライト線の外で、俺はセンターの定位置くらいだったけど、しゃがんだまま投げてノーバウンドでピューンと来た。ヒジから先が柔らかいからだと思う。目いっぱい投げるというわけじゃないのに届くんだ。通算187勝だけど、故障さえなければ、もっともっと勝てたんだろうね。

皆川さんは通算221勝してるが、杉浦さんに比べたら遅咲きというのかな。ずっと20勝もなかったのに、俺が入るちょっと前（1968年）に33歳で31勝した。これが日本で最後の30勝以上らしいね。

2人は南海の看板だから当たり前なんだけど、大阪球場のマウンドも2人に合わせていた。練習が終わって、野村さんがグラウンド整備の人に「あしたはこれだから」とアンダースローのまねをすると、夜のうちにマウンドの傾斜をなだらかにする。そのほうがアンダースローは投げやすいからね。逆に俺みたいに上から投げる人間にとっちゃ、傾斜があったほうがいい。2人が投げたあとで登板すると、真っ平らでちょっと投げにくかったな。

1年目、俺が抑えとしてそこそこ活躍しだしてからだけど、いつも杉浦さんと一緒だった先輩が「ミチ、スギさんがお前を食事に誘っているが、どうする？」って言ってきた。どうするって、断れるはずがないよね。神様から誘われたようなもんだから、かわいい彼女とデートがあっても行くしかないだろ。

それで杉浦さんのなじみの焼き肉屋に連れて行ってもらったんだけど、食べ終わったら、「ミチ、お前、フォークソングは好きか」と聞かれたんで、「嫌いじゃないです。日大の寮にきったねえギターがあったんで、見よう見まねでやってました」と言ったら、フォークソングのギターを弾いたり歌ったりできる店に連れて行ってくれた。

当時は、そういう店が結構あったんだ。杉浦さんに「やってみろ」と言われ、コードはCマイナーとか単純なやつしかできないけど、弾きながら、「夜空の星に……」と歌った。焼き肉屋とフォークソングの店は、そのあと何度も誘ってもらった。楽しい酒だったな。グラウンドを離れたらあまり野球の話はしない人で、バカ話ばっかりだったよ。

でもさ、杉浦さんたちと焼き肉屋に行くと、全部、肉で野菜がない。「先輩、野菜は食わなくていいんですか」と聞くと、中堅どころの人から「アホ、焼き肉屋で葉っぱ食ってどうするんだ」って言われ、ひたすら肉を食っていた。

焼き肉は、杉浦さんと一緒のときだけじゃない。昔の野球選手は「きょうはスタミナつけるぞ。よし、焼き肉だ！」ってすぐなったからね。七輪で焼いていた路地裏の有名な店にもよく行ったけど、マスターの口が悪かったな。「焼き過ぎたらダメだ。ユッケで食える肉なんだぞ。そんなに焼くならもっと安い肉にしろ！」って何度も怒られたよ。

焼き肉話のオチじゃないが、俺は南海2年目に痛風になった。そりゃそうだよね。週に何度も焼き肉屋に行って、最初はビールとレバ刺しで、あとはホルモン山盛りとか、ひたすら焼き肉を食っていたから。南海のチームドクターからは「24歳で痛風なんて聞いたことないぞ」って言われたよ。今は20代でも結構いるみたいだけど、昔は痛風と言えば、ぜいたく病って言われたからね。

さすが杉浦さん！　おかげで罰金がなくなりました

もう一つ、杉浦さんで覚えているのは1年目の東京遠征。前の日、飲み過ぎで寝坊しちゃって、集合時間に遅れちゃったんだ。慌てて大阪球場の球団事務所に行ったら「バカ野郎、間に合う新幹線で早く行け！」と怒られた。

そしたら、そこに杉浦さんが来て、

「ミチ、お前も寝坊したのか」

「杉浦さんもですか」

「おう、一緒に行くか」

となったんだ。当たり前だけど、杉浦さんに文句言う人なんか誰もいない。

新幹線では、杉浦さんはグリーン車、俺は指定席だったが、「お前もグリーンに来い」と言われ、2人並んで東京に向かった。「野村さん、怒るだろうな」と思いながらね。

南海の宿舎は、原宿にあった神宮橋旅館というところで、着いたらすぐ2人で野村さんのところに行った。杉浦さんは平然と立っていたが、俺は正座して「すみませんでした」と謝った。こういうときは、あれこれ言い訳せず、早めに謝っちゃうに限るというのが、俺が日大時代に学んだことだから。日大なら早かろうが遅かろうが殴られるけどね。

野村さんは、「おい、ミチ、お前は1年目で遅刻しやがって。罰金や」って怖い顔してた。謝りながらも「罰金か。痛いけど、しゃあないな」と思っていたら、杉浦さんが、

「ノム、お前も現役時代、何度も遅刻してみんなに迷惑掛けたやろ」

と言ってくれたんだ。そしたら野村さんも仕方ねえなって顔になって、

「ミチ、今回は許してやるから次から気をつけろ」と。

心の中で「さすが杉浦さん、ありがとうございます。カッコいいです!」って思ったよ。

杉浦さんと焼肉屋に行くようになったのと同じころ、皆川さんからも誘われるようになった。やっぱり肉なんだけど、こっちは難波の駅の近くのステーキ屋だった。

杉浦さんと違って、皆川さんとは酒を飲みながらでも野球の話が多かった。技術的なことだけじゃなく、「お前、先発のときは餅を食えよ。腹持ちがいいぞ」とか「湯船でお湯に指をつけるなよ。ふやけて皮がむけやすくなるから」とか「爪切りで爪切るなよ。深爪しやすいから」みたいな、細かいことをいろいろ教えてくれた。

先輩投手では慶應大出身の渡辺泰輔さんにもかわいがってもらって、よく飲みに連れて行ってもらった。1966年に16勝して、俺の1年目も先発には入っていたけど、ちょっと力が落ち始めていた時期かな。渡辺さんで覚えているのは、とにかくサントリーの角瓶のウイスキーしか飲まないんだ。当時、角は大衆的で、あこがれはブランデーという時代。大阪では、キタのクラブでブランデーを飲むのが成功の証しみたいなものだった。

徹底していたよ。2人でキタの通りを歩いているとき、顔なじみの呼び込みの人が「ナベさん、たまには寄ってくださいよ」と声を掛けてきたんだけど、「お前の店は高級過ぎて角がないからダメだ」。その人が「ブランデーならいろいろ置いてありますけどね」と言ったら、真顔で「ブランデー代で角が飲めるなら行ってもいいぞ」だってさ。

野球に関係ないことは絶対にやらなかった門田

前も言ったが、俺の背番号は野村さんが決めてくれた。「14と17があるぞ。どっちがいい？」って聞かれ、「お任せします」と言ったら、野村さんが「17は少し細いから、痩せた選手が似合う。ミチは14だな」って選んでくれたんだ。日大の野球部を引退してから、少し遊んでいるうちに体重が増えていたからね。7と4の形の違いだと思うけど、それでたまたま足して5になる番号をもらったんだ。これも運命だね。

足して5だからだけじゃない。10番台だし、沢村栄治さん（巨人の伝説的大エース）の番号でもあるから、大喜びさ。野村さんにとって、俺は初めてのドラフト1位だから、いい番号を着けさせたいというのもあっただろうね。自分で言うのも照れ臭いけど、俺への思い入れはあったと思うよ。

野村さんの監督の最後のほうで、「次期監督はミチ、お前だ」と言われたこともあった。「俺なんかとてもとても」と答えたけどね。引退してからだけど、雑誌で門田博光と対談したとき、この話をしたら「ミチ、俺も言われたぞ」となって大笑いした。

門田は俺と同じ年のドラフト2位入団だった。若手時代の門田で思い出すのは、遠征の移動。1年目、新人でずっと一軍にいたのは俺と門田だけだったけど、昔は用具係なんていなくて、若手が遠征で荷物持ちをした。俺はピッチャーだからニューボールを1ダースくらいだったが、門田は60球くらい入るボールケースを持ち歩いていた。バッターは自分のバットもあるから大変だったと思うよ。

しかも東京遠征だと、先輩は東京駅に着いたら、「宿舎まで頼む」と、俺たちに荷物を預けてしまうんだ。そのまま銀座にでも飲みに行くんだろうね。2、3人分は当たり前さ。俺が「冗談じゃないぞ。自分の荷物くらい自分で持てよ」とブツブツ愚痴っていたら、門田が「ミチ、ウエート・トレーニングと思えばいいよ」って。

そのとき「お前、変わってるな」と言ったけど、心の中では「ああ、こいつ俺と違う。すげえな」と思った。

門田は、とにかく徹底していた。野球に役立たないことはしない。付き合いもそう。チームの選手会長なんて頼まれても絶対にしなかったからね。あれが本当のプロだと思うよ。

俺はチームの選手会長をやらされた時期があるけど、やりながら、「これって、ほんとは選手がすることじゃないな」と思っていた。プロは自分の力で結果を出し、待遇をよくしていくもんだしね。変わり者と言われようと、門田みたいに現役のうちはプレーにだけ集中したほうがいい。

それにさ、俺が選手会長になってチームを引っ張ると言っても、抑えピッチャーは、いつも登板が勝ち負けに直結するでしょ。自分が打たれて負けたとき、「元気出していこう！」なんて、とても言えんよ。

門田の打撃練習は今の選手に見てほしかった。あいつはすごいよ。今はみんな気持ちよく、来た球をカンカン打つだけでしょ。でも、門田は時々、わざとタイミングを崩し、先にステップして体勢を前に出して待ったりする。あいつは左打ちだけど、それでためてセンターから左中間に打ち返すんだ。実際のピッチャーは打撃投手みたいに簡単に打たせてくれるわけじゃないからね。

あいつはコーチをしたことがないと思うけど、今からでも遅くないから、一度は、どこかの球団でコーチをやってほしい。あんなにバッティングを突き詰めて考えたやつは、ほかに落合博満（元ロッテほかの大打者）くらいしか知らん。絶対、いいバッターを育てると思うんだけどな。

穴だらけの網戸の寮生活は卵1個も給料から引かれた

1年目、南海の野手のレギュラーはベテランが多かった。若手は、サードで俺の1年前のドラフト1位の富田勝さんと外野の門田くらいかな。キャッチャーは野村さんが全試合に出ていたと思うけど、あの人はとにかくケガに強かった。頭にデッドボールをくらっても休まないからね。まさに『無事これ名馬』を絵に描いたような人だった。

よく言うんだが、野球は能力が高いだけじゃダメ。風邪に強い、ケガに強いというのもすごく大事なんだ。熱が高くなりやすく、すぐ休んだり、ケガしたら離脱期間が長いという選手は、必ず代わりの誰かが出てきて、スタメンを奪われるからね。

ただ、控え選手はたまらんよな。南海には高橋博さんや同い年の黒田正宏がキャッチャーでいたけど、野村さんが元気過ぎて、みんな出番がなく控えばっかり。博さんは確か内野、外野に回されていたと思う。

俺の1年目、内野の控えが多かった博さんが、こんなことを言っていた。

「ミチ、俺がナイターのあと、午前中もゆっくり寝ていたら、隣の部屋で子どもが友達とわいわいやりだした。女房が『パパが寝ているから静かにしなさい』と言ったら、なんて言ったと思う？　『パパ、ゲーム出てないじゃない』って」

せつないねえ。俺も状況は違うけど、似たような経験がある。娘が小学校のとき、「パパ、なんでいつも打たれちゃうの」と言われたんだ。学校で友達に「お前のパパ、よく打たれるな」と言われたらしい。

これ、プロ野球選手にはよくあって、結婚して子どもができ、その子が物心つくときって、ちょっと年齢もいってるでしょ。なかなか結果を出せなくなったりする。俺の長女は1973年生まれで、小学校に入るころは、もう大洋に移籍したあとだった。残念ながら、俺のいいときはほとんど覚えてないと思う。

パパはつらいよ、だね。

南海では、最初はもちろん、中百舌鳥の寮生活。俺は一番上の3階に1つだけあった洋間を使わせてもらった。大卒のドラフト1位ということもあったんだろうね。1階は高卒の二軍選手が多くて、顔に殴られたあざができているやつもいた。当時は特に二軍だと、そういうのが当たり前の時代だからね。俺も「二軍に落ちたら大変だな」と思っていた。ドラフト1位で優遇されていた分、ねたんでるやつもいただろうから、結果が出なきゃいろいろあったと思うよ。

最上階の洋間というと、すごくいい部屋を想像するかもしれないけど、そんなことない。大したことない部屋だったよ。一番困ったのが夏。部屋に冷房がついてなかったんだ。寮では応接間だけクーラーがあって、みんな食堂でメシ食ったら、そこでテレビを見たりして涼んで、眠くなったら部屋に戻って寝るみたいなことをしていた。

3階だと風通しがよく、少しは涼しいように思うかもしれないが、それも違う。屋上に洗濯物を干すから、3階はいつも湿気が下りてきてジワッとこもっているんだ。しかも周りが田んぼだから蚊がすごいのに、網戸が穴だらけ。窓を閉めておくしかない。「網戸くらいなんとかしてくださいよ」と何度も寮長に言ったけど、ダメだったね。

仕方ないから、夜は冷蔵庫のドアを開けっぱなしにして、扇風機で風を当てて、すぐ近くに枕を置いて寝た。多少は涼しかったからね。冷蔵庫だって自分で買ったんだよ。ビールを冷やすため？　違う、違う。寮は禁酒だったし、俺は酒飲みだけど、一人じゃあまり飲まない。みんなでワイワイしながら飲むのが好きなんだ。

ボロいのと夏の暑いのには困ったが、住めば都で、楽しかったよ。田中さんというコックさんも兼ねた寮長だったんだけど、よくしてもらったしね。門限はあったが、飲んで帰りが遅くなるときは電話して「遅くなります」と言うと、「脇の戸を開けといてあげるから、静かに入ってね」って言ってもらった。みんなにそうだったわけじゃないよ。それなりの投資もしたからね。日本酒が好きな人だったんで、金粉入りの日本酒をお土産にしたり、お子さんがいたから、さび抜きの寿司とか渡して「遅くなるときはお願いします」といつも言っていたんだ。そういう要領はいいんだよ、俺は。

ただ、網戸や冷蔵庫の話じゃないけど、南海は信じられないほどケチだった。朝、俺は一軍だから、ナイターのあととかになると、二軍の連中より朝飯も遅くなるでしょ。それで俺が行くと、田中さんが「みっちゃん、きょうハムエッグなんだけど、一つ？　それともダブル？」って聞くんだ。要は卵を1個使うか2個使うかね。

一軍選手だから気を使ってじゃないよ。2個使うと1個分は金を取られるんだ！　ただは1個だけ。せこいよね。背番号が書いてある紙があって、そこに卵いくつとか、コーラ何本飲んだとか全部チェックしてあり、あとで給料から引かれる。最初はびっくりしたよ。

まさかプロになって、卵1個に金を取られるとは思わなかったからね。

野村さんも若いころ、寮の卵に同じような文句を言ってたの？　でも、俺が入ったときは、野村さんが監督なんだから、球団に言って改善してくれりゃあいいのにね。

3年目だったと思うけど、俺とエモは、野村さんから直接、寮を出るよう言われた。あんまり門限を破るから「しめしがつかない！」ってね。

これも南海だけ？　グリーン車代も自腹って……

遠征の新幹線では、グリーン車はベテランだけで、若手は普通の指定席だった。でもさ、あれって2列と3列の並びがあるでしょ。1年目は3列の真ん中の席が多くてね。両脇が先輩で、俺もそうだけど、みんな体が大きいからギューギュー。しかも、途中でトイレに行きたくなっても、先輩が寝てると起こせない。震えて我慢してたよ。俺らしくない？　やだな、俺だって1年目はおとなしくしてたんだよ。

1年目で俺は新人王を獲ったから、「よし、来年こそグリーン車だ！」と思っていたら、春のキャンプでマネジャーから「佐藤、お前、今年からグリーン車に乗るか？」と言われた。もちろん、「喜んで！　お願いします！」さ。

でもね、そのとき言われて愕然《がくぜん》としたんだけど、南海はグリーン車代が給料から引かれるんだ！　要は「これからはグリーン車に乗ってもいいけど、自分で払え」ってこと。そんな球団、当時でも南海だけじゃないかな。

東京往復は月2回くらいだけど、1シーズンとなると、それなりの金額になる。「グリーン車に乗ったからって早く着くわけじゃないからな」と強がり言って普通の指定席に乗ってた人もいたよ。

当時、給料日は毎月25日で、球団事務所に行って現金でもらっていた。一つの部屋に全員分の給料袋が置いてあったけど、野村さん、杉浦さん、皆川さん、広瀬叔功さんの4人は、厚みがまったく違っていた。すげえ、厚い。悔しさもあって、よく門田に「あの中身、絶対1万円札じゃないぞ。全部1000円札やで」と言ってたよ。球団も一流選手になったらこのくらいもらえるというのを、あえて若手に見せてたんじゃないかな。

野村さんがそうだったからね。100万円くらい現金の入った財布を見せて、「ミチ、一流になったら、このくらいすぐ持てるんだぜ」って。車は外車だし、着る物も高級なものばかりで、ワイシャツは俺が3000円とか4000円のを着ていた時代に、3万5000

円って言っていたからね。

給料日になると、飲み屋や洋服屋がいっぱい来ていた。選手のつけ払いの回収ね。部屋にずらりと並んでいたけど、そこを通らないように逃げる先輩もいたよ。俺も、もらったばかりの給料袋の中身が、そこでほとんど消えちゃうこともあったな。

何年かあとだけど、トレーナーがマッサージのとき、俺の腹をさすって言った。

「みっちゃん、お前のお腹の中にはキャデラックが何台入っているんだろうね」ってね。

確かによく遊びました。

飲むのは、やっぱり大阪球場があるミナミが多かった。最初のころ、よく一緒に飲みに行ったのは、同じ年に南海に入った中山孝一（ドラフト5位）。サッポロビールから入った選手で、年は俺の一つ下だった。

野手では富田さんがよく連れて行ってくれた。あの人は俺の1年目、若き三番と言われてサードで全試合に出たと思う。でも、次の年かな。ケガをして二軍に落ちたことがあった。しばらくして、治ったという報告をするために球場に来たら、野村さんに「もうちょっと二軍にいてくれ」と言われ、気が強い人だったから、完全にむくれちゃった。

それで今度は「一軍に来い」って言われても「嫌だ！」と拒否し、野村さんとうまくいかなくなった。結局、1972年オフ、巨人にトレードになって、代わりに山内新一と松原明夫が来て、サードは藤原満さんになったんだ。

そうだ、こんな歌を知ってる？「きょうも愉快に飲めるのは、○○さんのおかげです。南海のために、南海のために、尽くされた、○○さんのおかげです」ってやつ。巨人のOBからも、同じような歌の話を聞いたことがある？ へえ、そうなの。でもね、あれは南海から始まったと思うよ。鶴岡さんが監督の時代からあった替え歌らしいから。元は『兵隊さんよありがとう』という、軍歌というのか戦争中の歌で、そのあとレコードも出て広がったみたい。

南海に入団したときに覚えさせられたんだ。昔は、チームを応援してくれる金持ちの人がいて、食事をごちそうになったり、オフにはゴルフに連れて行ってもらったりした。俺が入ったのは、黒い霧事件のときだし、もともと、鶴岡さんがそういう付き合いに厳しい人だったらしく、ヤバイ人はいないよ。純粋に南海が大好きで、応援してくれる人だけ。

宴会に誘ってもらったときや、ゴルフのあとの飲み会で、若いやつらが必ず歌わされる。それまで聞いたことない歌だったし、最初は恥ずかしかったけど、リズムがいいからすぐ覚えた。実際、相手も喜んでくれたし、みんなで合唱すると、一体感みたいなものもできて、すごく盛り上がったな。

なんだか話が行ったり来たりになっているが、思い出した順なんで勘弁してね。

ヤジのおかげで生きのいいピッチャーになった

1年目の春季キャンプから帰ってきて初めての土曜日のオープン戦だったと思う。大阪球場に向かってどんどん人が歩いているのを見て、「すごいな。プロってこんなにお客さんが入るんだ」と思ったけど、球場に入ったら客席がガラガラ。先輩に聞いたら「ミチ、あれは（ライト側にあった）場外馬券売り場の客だよ」って。

開幕してからも、ずっとガラガラだった。大阪球場だけじゃなく、当時のパ・リーグの球場は、どこもすいていたけどね。その分、ヤジもよく聞こえた。阪急ファンのガラガラ声の人とか、名物オジサンがそれぞれの球場にいてね。えげつないヤジもあったけど、時々、こっちも笑っちゃうような面白いことも言っていた。

近鉄ファンの歌で「南海電車はボロ電車、近鉄電車は二階建て」というのもあったな。最初は歌詞の意味が分からなかったけど、近鉄が日本で初めて二階建ての電車を導入したからしい。親会社の自慢を球場でされても困るけどな。で、最後は「南海電車で早よ帰れ！」ってね。

俺が南海に入ったのは黒い霧事件があったときで、フォアボールを出すと、スタンドや相手チームから「お前、八百長やってんのか！」ってヤジられた。それどころか野村さんからも、「お前、相手から金もらってるのか」と言われたことがある。味方なのにひどいよな。「両親が見てます。できるわけないでしょ」って言ったけどね。

俺はこの「八百長」ってヤジがムカついたし、すごく嫌でね。だったらと思って、どんどんストライクを投げるしかないと思った。だけど、これはすごくプラスになったんだ。おかげでストライクゾーンで勝負できる、逃げない生きのいい投手になったと思うしね。

ベンチのヤジも激しかったけど、これは南海も同じだった。やっぱり関東より西の球団のほうが、客席からもベンチからもヤジはきつかったね。ただ、俺が先輩にお願いしたのは、「審判だけはヤジらんでください」だった。人と人だから、こっちがつい「ええっ！これストライク？」って顔をしてしまって、しかもベンチから「下手クソ！」とかヤジられると、ジャッジが明らかに変わる。意地になってしまうというのかな。

開幕から少しずつ審判と信頼関係をつくっていたんで、それが水の泡になるのは勘弁してほしいと思っていたんだ。別に有利なジャッジをしてほしいというわけじゃないよ。審判とコミュニケーションができるようになると、際どい球をボールと言われたとき、「どのくらい外れたの」って聞いて、指で「このくらい」って教えてくれたりする。それが怒ると、聞いてもそっぽ向いて、次はもっと厳しくなったりするからね。

1年目は最初の登板がロッテ戦（4月12日。開幕戦）だった。当時あった東京スタジアムね。リリーフで2イニングを無安打無失点。試合後、野村さんが「ミチはブルペンより試合のほうが速くなるな」って記者連中に言っているのを、こそっと後ろで聞いて、「よし！」と思った。野村さんも俺が聞き耳立てていたのを知ってたんじゃないかな。

そのあとの阪急戦（4月14日、大阪）でプロ初勝利。リリーフだし、あんまり記憶にない。1年目は、ほとんどリリーフだけど、先発したいなんて考えもしなかったよ。とにかく一軍にいたかったし、どんな役割でもいいから試合で投げたかったからね。

だって投げなきゃお金にならないでしょ。もともと投げるのが好きだったし、ベンチで人の金もうけを見ているのは面白くない。野村さんにも「ミチは投げるのが好きだなあ」ってよく言われたけど、使い勝手のいい投手だったと思うよ。

試合の最後を締めることが多かったけど、あんまり「俺は抑えだ！」という意識はなかった。当時、セーブ制度はなかったし、9回1イニングだけもほとんどないからね。7、8回のピンチで登板し、そのまま最後まで投げるみたいな感じが多かった。勝っているときだけじゃなく、同点やビハインドもあったしね。

あの年は55試合（同年のリーグ最多）に投げて、リリーフなのに規定投球回にも達している。まあ、よく投げたよ。でも、酷使されてると思ったことは一度もない。杉浦さん、皆川さんの時代は300イニング以上でしょ。比べたらかわいいもんだしね。

ただね、この年だけじゃないけど、フロントにず〜っと言ってたのは、リリーフって試合の球数だけじゃないんだということ。試合で10球でも、その前にブルペンでの準備があるし、山ほどブルペンで投げても、登板しなかったこともよくある。大事なゲームになると、初回どころか試合前の『君が代』が流れる中でピッチングしていたからね。フロントは出番がないと、その日は休んだみたいに言うけど、ずいぶん無駄球があるんだ。毎年、契約更改で、それも入れて査定してくれって言ったけど、聞いてもらえなかったな。

やっていくうちに、いつも全力じゃくたびれるから、ブルペンは7〜8割でいいかと思うようになった。よかったのは肩ができるのが早かったこと。しかも1回つくると、そのあとベンチにいて、「ミチ、頼む」と言われたとき、7、8球でできたからね。

張本さんにマウンドで胸ぐらをつかまれた!

1970年は大阪万博があったんだ。日本中が『太陽の塔』とか『月の石』で大騒ぎになっていて、地元の大阪は、ずっとお祭りが続いているみたいだった。新聞の見出しも何かと言えば万博で、俺がオープン戦の巨人戦で長嶋茂雄さんにホームランを打たれたら「万博1号」と書かれたこともあった。

南海は前の年に最下位だったのが、野村さんが兼任監督になって1年目から優勝争いをしたから、なおさら盛り上がっていた(最終的には2位)。もともと大阪の人は距離が近いでしょ。夜の街を歩いていても、「おお、きょうは勝ったんかい」と知らないオジサンが肩をたたいて話し掛けてきたりね。こっちもそういうのは平気なほうだから「おかげさんでね」とか、いい加減に答えていたけどな。

バッターで一番印象に残っているのは東映(現・日本ハム)の張本勲さん。どこに投げてもヒットにされるような気がした。野村さんには「張本は2ストライクになると、バットじゃなく、テニスのラケットになるぞ」と言われていた。追い込まれると、ミート中心の打撃になって、レフト前にうまく打ち返すんだ（左打者）。足も速かったから内野安打も多かったけど、無理となるとバットを持ったまま一塁へ半分くらいまで歩いて行って、そのままベンチに戻っていた。無駄なことはしないんだね。

怖い人だったよ。内角に投げるとバットの先をこっちに向けて「ふざけるな！」と威嚇してきて、逆にベース寄りに体を出してくる。でもさ、そうすると野村さんがまた内角、それも張本さんの体で見えないようなとこに構えるんだ。たまらんよね。あれは2年目だったと思うけど、張本さんにぶつけて、マウンドで胸ぐらをつかまれたことがあるよ。

打線はどこもすごかった。東映には張本さんだけじゃなく、大杉勝男さんがいたし、阪急に長池徳二さん、近鉄に土井正博さんが四番でいた。打線全体がすごかったのは、やっぱりロッテかな。1970年はロッテが優勝したシーズンだけど、狭い東京球場が本拠地とはいえ、20本塁打以上が5人だからね。アルトマン、有藤通世さんがいて、ベテランの江藤慎一さんも途中から入ってきた（中日を任意引退となり、シーズンに入ってから移籍）。そうそう、陸上の100㍍で日本記録を持っていた飯島秀雄さんもいた。飯島さんはスタートがうまくなかったんで、盗塁はあまり多くなかったけど、エンドランのときは速かったよ。一気にホームまでかえってきたからね。

南海の四番はもちろん野村さん。全盛期は過ぎていたけど、まだまだホームランも多かった（1970年は42本塁打、114打点）。ただ、そんなに遠くまで飛ばすという雰囲気はなかったな。フリーバッティングでもガンガンでかいのを狙うわけではなく、タイミングで打つバッティングに見えた。大阪球場は狭かったから、それでいいと思っていたのかもしれない。ロッテ時代の落合が、狭い川崎球場の、さらにふくらみのないライト方向を狙ったようなもんだね。

これは俺が引退して評論家時代の話だけど、雑誌の『プレイボーイ』の仕事で、巨人のグアムキャンプに飛び込みで取材に行ったことがある。そこで助監督だった王貞治さんに野村さんのバッティングの話を聞いてみたんだ。現役時代、2人は比較されることも多かったからね。

そしたら王さんは、まず自分の打撃についてこう言っていた。

「自分は左打ちだからライト線にファウルを打つ意識があった。ファウルを打っているとヘッドが利いてくる。だからひたすら引っ張れだった」

野村さんは逆にファウルを打つのを嫌がる人だった。王さんは「押し込まれて詰まっても、内野の頭でもいいから越えてヒットにするというのが野村さんのバッティングだった」と言っていた。

南海には藤原満さんとか、そういう打撃で率を稼ぐ人がいたけど、野村さんは通算657本塁打のホームランバッターだから、本当はどう思っていたのかな。あんまり打撃の話はしなかったが、一度、じっくり聞いてみたかったね。

オールスターであこがれのONを打ち取った!

ほとんどリリーフだったけど、前半戦で6勝して、オールスターも阪急監督の西本幸雄さんに監督推薦で選んでもらった。第2戦は大阪球場でやって、本拠地だし、俺は新人だから試合前は手伝いで球拾いとかしていたんだ。

練習のときから客席はぎっしりだったけど、大阪球場が超満員なんて初めて見たからびっくりした。ただ、お客さんの目当ては俺たちじゃない。試合前、パの選手には大したことないのに、セの選手が入ってくると、ワーッとものすごく沸いたからね。

その中でもやっぱりON（王、長嶋）はものすごかった。俺も「うわ、ONが来た。すげえ、カッコいいな」ってドキドキしながら見てた。

王さんが近くを通ったときは、目が合ったんで「こんちは」と言ったら「佐藤君、調子よさそうだね」と肩をポンとたたいてくれた。こっちは「ありがとうございます！」と言って、あとで周りの選手に「見た！　王さんが俺の肩をたたいてくれたぜ」って。そのあと長嶋さんが来たから、また「こんちは」と言ったら、「おっ！」と手を上げてくれた。カッコよかったね。

その試合で9回に登板し、2人と対戦することもできた。王さんは一本足打法で足を上げて、こっちをジロッと見るんだけど、「なんて目の大きな人だろう」と思った。初球スローカーブを投げたら、ニコッと笑っていたよ。「この1年坊主が、生意気に」って思ったんだろうね。でも、王さんを三振、長嶋さんはセカンドフライに打ち取ったから、俺も大したもんでしょ。

第3戦の広島での試合の前夜には、富田さんに誘われて飲みに行った。オールスターに選ばれていた富田さんの法政時代の同期、山本浩二さん（広島。当時の登録名は山本浩司）、田淵幸一さん（阪神）の「法政三羽烏」と、衣笠祥雄さん（広島）とね。衣笠さんは高校出だから入団年が違うけど、俺以外は、みんな同学年だったんだ。

楽しい酒だったよ。明るくてね。でも……長いんだ。みんな帰らない。俺は次の日に登板するはずだったから「すみません、そろそろ帰らないと」と言ったんだけど、浩二さんが「お祭りだから大丈夫だよ」って。セはそんな感じなんだなと思った。まあ、富田さんはパなんだけど、野手とピッチャーはやっぱり違うよね。

カッコよかった衣笠さんの言葉とダンス

衣笠さんとは、2年目だったと思うけど、北新地の街中でばったり会ったことがある。向こうから歩いてきたんであいさつしたら「おお、ミチか。一軒付き合えよ」と言われ、衣笠さんがなじみの小さなスナックに行ったんだ。そしたら、ほかに年配のサラリーマンの客が3人いて、2人は酔っぱらって寝ていた。

そのとき俺は、「いいね。サラリーマンはあした休めるから。俺たちは休めないのにさ」と言ったんだ。そしたら衣笠さん、「ミチ、それはアマチュアだ。〝休めない〟というのは、人のためにやっているからだ。プロは休めないじゃなく、〝休まない〟んだ」って。

超一流は違うなと思った。文字にしたら「め」と「ま」だけの違いなのに、まったく違ってくるんだからさ。

衣笠さんは、ほんとカッコいい人だった。これもたまたま東京遠征の夜に街中で会ったんだけど、一緒に行こうと言われ、六本木で『クレージーホース』というダンスができるところに行ったことがある。ほかに女の子が3人くらいいてね。

店に音楽が流れて、ホールでダンスが始まったとき、衣笠さんは出て行かず、端っこでポケットに手を突っ込んで体を揺らしていた。女の子もみんな踊らないで見とれていた。リズム感が違うんだよね。俺から見てもカッコよかった。だから死球で大ケガにならなかったんだろうな。

1年目のオールスターで、パ・リーグなのにON並みに大騒ぎになっていたのが、新人の太田幸司（近鉄）。甘いマスクのいい男だった。前年夏に三沢高（青森）で甲子園に出て、決勝で延長18回再試合をした人気者だよ。あのときは、たぶん1勝くらいしかしてないのにファン投票で選ばれたんだ。若い女の子が黄色い声援を送ってたな。にぎやかさだけなら、ONよりすごかったかもしれんね。

俺はあいつと少し縁があったんだ。三沢高の部長さんが日大出身だったんで、頼まれて学生コーチとして三沢に行ったことがある。夜行列車に乗ってね。ボランティアじゃなく、ちゃんと日当ももらえたんで、いいバイトになったよ。向こうからは「エースを見てやってください」と言われ、太田はもう甲子園にも出ていて人気者だったから、「ああ、太田を鍛えればいいんだな」と思っていた。

でも最初、太田は疲れがたまっているからと投球をせず、「じゃあ、ノックでもしようか」と言ったら、それも足が痛いからできません、と。カーッと頭に血が昇って「そんなんじゃ甲子園なんか行けんぞ！」と怒鳴ったんだ。そしたらすぐ部長さん、監督さんに校長室に連れて行かれ、みんなに「太田は三沢のヒーローなんです！　手心をお願いします」と言われたけど、こっちもカッカしてるから「じゃあ、俺はいらんと思うんで帰ります！」と言ったんだ。

「そんなこと言わずに」と言われて「だったら、やりたいようにやりますよ」と太田には200球くらいノックをしたりガンガン鍛えた。今は怒られるけど、たるんでたときはケツバットをしたりね。そのうち、なんだか知らないけど、父兄の練習見学が増えていき、太田にだけじゃないけど、俺がケツバットをすると「いいぞ！　もっとやってくれ！」と歓声が飛ぶようになった。

こう話すと、おっかねえコーチだったように思うかもしれない。でも、俺の性格だから冗談もよく言ったし、短い期間だったけど、三沢の選手の表情も変わっていった。最終日はみんなで校歌を歌って送ってくれたよ。

あのとき、日大のユニフォームを着るわけにもいかないから、ミズノの練習着を買ってやっていて、最後、それを太田にあげた。ツギハギの練習着を着ていたからね。そしたら、プロ入り後、太田がテレビ番組で宝物を聞かれ、「南海にいらっしゃる佐藤さんからもらった練習着です」と答えていた。こっちもうれしくなったよ。

オールスターは3回出て、全部、野村さんの監督時代だったけど（1970、1972、1976年）、そのたびに野村さんに言われたのは、「あんまり投げるなよ」だった。ペナントレースが本番だから、オールスターで疲れたり、故障したりしたら大変だしね。こっちは選ばれただけでうれしいし、全国中継もあるでしょ。「投げるか」と言われたら、居酒屋じゃないけど、「はい！　喜んで」だったけどね。

今みたいに和気あいあいのお祭りとはちょっと違った。特にパ・リーグには、人気のあるセ・リーグに負けたくないという反骨心があったし、リーグ内でもペナントレースを意識した駆け引きがあった。野村さんには「ブルペンで変化球を投げるな」と言われていたんだ。「何を言われても真っすぐしか投げるなよ」って。最初、「なんで？」って思ったけど、すぐ分かった。ブルペンで他チームのキャッチャーの人から声を掛けられて受けてもらうよね。そのうち「状況決めてみようか。カウント2―2、ミチ、何を投げたい？　カーブ？」とか言い出す。完全に探りにきている。それが分かってからは「いつも困ったら真っすぐです」とか、いい加減なことを言っていた。

打たれたら野村さんが謝ってくれたんだ

よく「野村さんのリードはすごかったんですか」と聞かれる。もちろん、すごかったよ。相手バッターのデータとか試合状況とか全部頭に入っていたけど、それだけで勝負はせず、投手のいいところを引き出すリードをしてくれた。野村さんと組んでるときは、それを当然のように思っていたが、のちのちほかのキャッチャーに受けてもらう中で、すごく難しいことだと分かった。

野村さんがよく言ってたのは、「こいつは低めに強いけど、もう一つ低く投げたら打ち取れる。得意なところのすぐ近くに弱点があるんや」だった。そういうピッチングができると球数も減るんだ。バットが出なきゃ、よくて見逃しストライクだけど、三振はどうしたって3球はいるからね。それより相手がバットを出しやすいコースに投げ、少し外したり、変化させれば、1球で凡打にしてのアウトもあるでしょ。

俺は150キロで三振をバッタバッタと取っていた投手じゃないから、スライダーやシュートを使いながら、そういう打ち取り方をするほうが合っていた。もちろん、一人1球は現実的じゃない。アウトコースで打ち取るためにインコースを見せたりして餌《えさ》をまきながら、相手を誘導していくというのかな。それが野村さんはうまかったし、やっていくうちに俺の武器にもなった。

でもさ、リードってすべて結果論だよね。苦手なコースに決まっても、バッターが打つこともあるし、ど真ん中の打ち損じだってよくある。いくら打者の裏をかくようなリードをしても、抑えたときしか「いいリード」とは言ってくれないでしょ。キャッチャーは大変だよ。そもそも、ピッチャーがサインどおりのコースに投げられないことも多いのにね。

もっと言えば、リードに絶対的な正解があるなら、ベンチから全部サインを出したっていいんだよ。「1球1球、こっちを見ろ」ってさ。でも、誰もやらないでしょ。野村さんだってそうだよね。ヤクルトの監督時代、あれだけ「古田（敦也）のリードは勉強が足らん」みたいなことを言っても、それはしなかった。

やっぱり、試合の中でピッチャーの球を受けているキャッチャーにしか分からないものってあると思うよ。それを野村さんも分かっていたから、ああやってボヤいたり、ネチネチ嫌味を言いながら、キャッチャー自身に考えさせようとしたんじゃないかな。

だからと言うか、でもと言うのか、なんだかんだ言っても、俺は楽だった。キャッチャーが監督だからね。よく〝あんちょこ野球〟と言っていたけど、「またカーブ、カーブかよ」とか思いながらも、言われたとおり投げりゃいいんだからさ。打たれたら監督が悪いと思うと腕も振れるでしょ。もっと言えば、野村さんは打たれたら謝ってくれたんだ。「ミチ、悪いな。あそこはカーブじゃなかった。俺の勘が悪かった」って。ヤクルトの監督時代とは違う。お互い現役だし、バッテリーだったからね。

最初は違ったよ。野村さんがキャンプのミーティングで、「キャッチャーはな、ピッチャーにお伺いを立てるんだ。カーブがいいですか、スライダーがいいですかって。嫌なら首を振りなさい」とよく言っていた。でもね、シーズンに入って首を振ったら、すぐマウンドに来て「1年坊主がナマイキな！」って怒っていたよ。

ただ、俺がどんなピッチャーか分かってからは、首を振るのも許してくれた。俺はコントロールがいいし、根拠なく首を振っていたわけじゃない。それに、俺みたいな球種の少ないピッチャーは、首を振って打者をだますのも必要なんだ。首を振れば相手は多少なりとも迷う。カーブのサインにずっと首を振り続け、最後はカーブを投げたりもしたけど、それだけ首を振れば、「こいつ、球種が少なそうに見えるけど、実は結構あるのかな」と思うかもしれんでしょ。

勘弁してよ、投げないはずが突然、「投げろ!」

新人年に17勝目(10月10日の平和台。西鉄戦ダブルヘッダー第2試合)を挙げたとき、確か規定投球回にはもう到達していた。チームの優勝もなかったから、野村さんに「ミチ、今やめても新人王は問題ない。防御率(1・85)も問題ない。勝率(5敗)も問題ないやろ。3つタイトルをもらえるんやけど、どうする? ここでやめるか、それとも20勝を狙うか」と言われた。

俺は、はっきり言ってどうでもよかったから、「監督に任せます」と答えたんだ。カッコつけてたわけじゃないよ。リリーフやってるときは、何勝なんて気にしたことない。気にしたって仕方がないと思っていた。だって、リリーフは前に投げた人の勝ち星を飛ばしちゃうこともあるわけだからね。最悪はリードした場面で登板し、打たれて逆転され、味方が再逆転してくれたとき。自分に勝利がつくけど、盗っ人みたいで、すごく嫌だった。追いつかれたときは、自分の負けになったほうがすっきりしたよ。「すみません！」って素直に謝れるからね。

野村さんから「チャンスあるから狙っていこう」と言われたんだけど、少し欲が出たかな。翌日、小倉球場の西鉄戦（ダブルヘッダー第2試合）で、2年目の大田卓司に右中間にホームランを打たれて、敗戦投手になっちゃった。あいつのプロ初ホームランだったらしいね。これでまず勝率が3位になって、タイトルが一つ怪しくなった。

そのあと大阪球場の阪急戦（14日。ダブルヘッダー第2試合）で18勝目を挙げ、防御率は少し下がったけど（1・94）、最優秀防御率はほぼ確定のままだった。野村さんも「もう終わりでいいぞ」と言ってくれ、東京でのロッテ戦がシーズンの最終戦（22日）だったんで、「お前は実家が東京だからついてこい。そのまま家に帰っていいから」となった。

でもさ、余計なことを言う人がいたんだよね。〝8時半の男〟と言われた宮田征典さん（巨人。前年引退）の46完了（1965年）が当時のシーズン最多記録で、その時点で俺が並んでいたらしい。完了の記録なんて騒がれもしないから知らなかったけど、新聞記者が野村さんに「きょう投げたら新記録ですよ」と言っちゃったんだ。

それで野村さんから急に「投げろ」と。「俺、準備してないですよ」と言ったんだけど、「せっかくだから投げろ」と。「じゃあ、3分の1だけお願いします」と言ったら「それもわざとらしいから1イニング投げろ」って。

そしたら9回に2アウトを取ってからアルトマン、有藤さんに連続ホームランを打たれた。そのあと山崎裕之さんを三振に取ったんだけど、ベンチ裏に戻って、悔しさでグラブをたたきつけた。「防御率のタイトルも消えちゃった。やめときゃよかったな」ってね。


そしたらマネジャーが来て、笑顔で「ミチ、セーフや」って。計算したら2・048だったらしい。2位は2・054（近鉄の佐々木宏一郎）だから、ほんとギリギリさ。

新人王ももらって、オフには『週べ』の企画で、デビューしたばかりの小柳ルミ子（歌手）と対談もあったな。おふくろに「サインもらって」と言われたのを覚えている。トンボメガネをかけた、かわいい子だったよ。


楽しかったえべっさん、俺は重かったと思うよ

1年目のオフでよく覚えているのは、えべっさん（恵比寿さん）だね。商売繁盛の神様

宝恵籠に乗る佐藤氏（本人所蔵）

で、「商売繁盛、笹持って来い」ってやつ。俺は24歳で年男だったんで、正月、今宮戎神社の宝恵籠（ほえかご）に乗せてもらったんだ。大阪の人なら分かってもらえると思うけど、これに乗るのは野球の新人王より難しい。5騎か6騎くらい出てたと思うが、そこに、その前の年に活躍した人が乗るんだ。

やっぱり関西の芸能関係が多くて、あの年は一番が藤山寛美さんで、あとは、かしまし娘の一人と、アホの坂田利夫さんもいたと思う（いずれも関西のコメディアン）。ミナミの料亭から出て、大阪球場で一度休憩するんだけど、そこから南海のハッピを着た俺が乗った。そのあと1駅分くらい練り歩いたから、下で運んでいる人は大変だったと思うよ。

一つの宝恵籠を10何人で運んでいたが、前のほうは顔役みたいな人たちで歩いていただけ。実際に力を入れて運んでいたのは何人もいなかった。若い人ばっかりだったから、ほとんどアルバイトの学生じゃないかな。ほかの乗ってる人は、みんな小柄で軽いんだけど、俺だけ90キロくらいあるでしょ。だから彼らに「ギャラ一緒なのに、俺を担ぐなんてついてないね」と言ったら笑っていた。

大勢の人が集まって、その中を練り歩きながら、「南海、今年も頑張れよ！」とか声を掛けられた。恥ずかしさもあったけど、気分はよかったし、いい記念になったよ。


1年目から18勝して給料も上がったし、そのオフはミナミじゃなく、ちょっと高めの北新地の店にも行った。頻繁じゃないよ。ほんと時々。当時はレミーマルタンが全盛だったけど、「若造が調子に乗って」と言われるのが嫌だから、いつもオールドを飲んでいた。

クラブで飲んでいると、店の人から「向こうの方からレミーマルタンです」と言われることもあった。でも俺は「ありがとうございます。いただきます。では、同じものを向こうにお願いします」と言って、席を離れなかった。絶対、1杯が2杯、3杯になって、シーズン中なら「あすの先発誰？」とか言ってくるからね。先輩から、そういう話はたくさん聞いた。黒い霧事件があった直後だし、そんなんで野球界追放されたらたまったもんじゃないからね。

大げさに言ってるわけじゃないよ。大阪では野球賭博が盛んで、スタンドにも怪しいオッサンがたくさんいた。リリーフでブルペンから出ていくと、必ず客席から「おい、佐藤、初球はボールでいけよ」と言われたんだ。ずっと「大阪の野球ファンはすごいな。野球に詳しいな」と思っていたら、先輩が「ミチな、あれはボールかストライクかで金を賭けているんやで」と教えてくれた。何百円の小さな賭けらしいけど、逆にすげえなって。そこまでやってるのかと、びっくりした。外野を20～30人が走っているのを見たこともあったな。私服の警察と賭け屋の追いかけっこさ。そういう時代だったんだ。

肩が重いなら風呂に行って体重計で量ってこい？

昔とは野球が変わったと言う人もいるけど、グラウンドでやることはそうは変わらない。けど、試合中以外は結構、変わったよね。マスコミだって、今は女性の記者もたくさんいるし、コロナの前なら、テレビの女子アナウンサーが、きれいな格好でグラウンドで練習を見ていたりしてたでしょ。

昔はそんなのあり得なかった。相撲の土俵と同じで、女性記者がグラウンドに入ったら怒鳴られていたからね。ベンチの中まではならいいんだけど、そこでも選手には話し掛けちゃダメで、監督やコーチならいいとかもあった。

チーム内の上下関係も厳しくて、1年目はマッサージも受けたことない。というか、してもらえなかった。トレーナーが少なくて、一軍と二軍が一人ずつだったしね。キャンプでトレーナー室に行くと、ベテランがタバコ吸いながら並んでいた。大抵、7、8人いたかな。一人20分はかかるから、もう無理ってあきらめるしかない。

早く着いて、きょうは大丈夫そうだなと思っても、トレーナーが必ずこう言う。

「どうした、東京のボンボン」

俺は東京出身で大学出の新人だからね。で、俺が、

「肩が重いんです」

と言うと、

「じゃあ、風呂に行ってこい」

「なんでですか」

「体重計があるから何キロ重いか量ってこいや」

こんなこともあった。ヒジが痛くてたまらんかったとき、

「どうした、東京のボンボン」

「ヒジがおかしいんですよ」

「なんだ、ヒジが笑っているのか」

もうなんも言えん。降参です。

仕方ないから体のケアは自分で考えた。シーズンに入ってからだけど、登板が終わって飲みに行くときは、まず、シャワーで熱いお湯をしばらくヒジに当て、次は冷たい水をかける。これを3、4回繰り返した。アイシングなんてない時代で、我流だけど、今思うと、意外と理にかなってるでしょ。


2年目のオープン戦では杉浦さんの引退試合もあった。大阪球場の巨人戦でね。俺は先発投手で、オールスター以来の超満員の中で気持ちよく投げていた。それで長嶋さんの打席で、「ピッチャー佐藤に代わり杉浦」とアナウンスされたとき、客席が地響きみたいにワーッと沸いた。長嶋さんと杉浦さんは立教大の同期だしね。俺もちょっと感動しながら

見ていたら、長嶋さんが2球目を打ってセンター前ヒット。普通は空振り三振がお約束だから「えっ、打っちゃうの！」ってびっくりした。

引退試合の特別ルールで、そのあと俺がまた投げたんだけど、こっちも感動しちゃって、なんかふわふわしたまま投げたら、森祇晶さん（当時・昌彦）に3ランを打たれた。野村さんが怒った、怒った。「なんで、あそこしか打てないのに投げたんだ」って。2人は仲よさそうに見えたけど、やっぱり捕手同士でライバル意識があったらしいね。

カーブがダメになりスライダーがよくなった理由

1971年は、俺も2年目のジンクスとか言われたくないから張り切ってやっていたんだけど、オープン戦の途中で指を痛めちゃったんだ。右の中指ね。リリースのときにズキンときて、痛くて投げられなくなった。あちこちの病院を回ったが、誰も原因が分からない。有名な気功の先生にもみてもらって、「気を送ったから、もう大丈夫」と言われたけど、投げてみたら、やっぱり痛かった。

でもさ、不思議なことに、麻雀でツモのときは大丈夫なんだ。卓を強くたたいてもまったく痛まない。うれしいから？　そんなことないよ。要は、それだけボールをリリースするとき、指先に掛かる力がすごいということだろうね。

開幕してからも、我慢して2試合くらいは投げたのかな。でも、やっぱりダメで、野村さんに「二軍に行って治してこい」と言われた。当時の二軍監督は岡本伊三美さんで、「指が痛くてまったく投げられないんですよ」と言ったら、「だったら若い連中に外野ノックでもしといてくれ」って言われ、調整の仕方も完全に任せてもらった。

1カ月ちょっといたけど、最初のころは、まったく投げてない。痛くてどうしようもなかったんだ。治さなきゃいけないと焦りはあっても、原因が分からんし、どうすりゃ治るかも分からないしね。仕方ないから、言われたとおり、毎日、外野ノックをしていた。1年目に成績を出したのもあるんだろうけど、誰も「何を遊んでいるんだ」と嫌味は言ってこなかったよ。結局、何が原因だったのかな。痛風にしては長かったしね。

しばらくして、少し痛みがマシになってピッチングを始めたが、まず考えたのは痛くないフォーム。1年目は真上から投げていたけど、それだと指に負担が掛かるんで少し腕を下げた。それからよくなってきたのがスライダーで、逆に1年目、俺の武器だった大きなカーブが投げられなくなった。それまでは追い込んだらカーブで三振が面白いように取れたんだけどね。腕を下げたことに加え、中指に引っ掛かる怖さがあって、うまいこと投げられなくなったんだ。

スライダーは、もともと投げていたし、自信もあった球だけど、腕を下げてからは、よりキレが出て、制球も安定した。いつでもストライクが取れるんで、重宝したね。絶対、こう曲がるというのも分かっていたから、ボウリングのプロがピンじゃなく板目を見ると言うが、俺もそういう感じで投げていた。今で言うフロントドアだけど、右打者のヒジのあたりを通せば、ぎりぎりストライクとかね。当時は、スライダーは右打者ならアウトコースだけだったけど、野村さんがインコースにも使ってくれたんで、へえ、こういう使い方もあるんだと思った。

スライダーを磨いたこと自体、野村さんの言葉があった。1年目のミーティングで、「お前ら俺が三冠王だったの知ってるだろ」と自慢話からスタートして、「その俺が一番嫌いなのはスライダー。出し入れできたら10勝できるぞ」と言ったんだ。確かに、自分が苦手だけあって、スライダーの使い方がうまいキャッチャーだったね。

あとはシュート。俺をシュートピッチャーと言う人もいたけど、実際には大して曲がらんインチキシュートしか投げられなかった。スライダーが外に来ると思って踏み込んだところで内を攻めるから、そう思ったんじゃないかな。

シュートはプロに入ってから覚えたんだ。ひねったりすると、うまくいかなかったから、縫い目に指を掛けない、今で言うツーシームをインコースに投げていた。曲がらなくても球が回転さえしていれば、バッターが勘違いするだろうくらいの気持ちでね。

最初は試合で使うのが怖かったけど、野村さんがボール2くらいになると必ずインコースのシュートのサインを出す。「俺のシュート曲がりませんよ」と言うと、「ドキッとさせるくらいでいいんだ。これが効いてくるから」って。実際、そうだった。ほんの少し腰が引けて踏み込みが甘くなる。そうなると、バッターは外へのスライダーがすごく遠く見えるんだ。

落ちる球もあることはあった。最初はフォークを投げたいと思ってやっていたが、指が短いんで、投げていたら指の間の血管が切れたのか、黒ずんで土で汚れたみたいになった。これじゃ飲んでてカッコ悪いと思ってやめたよ。そのあと覚えたのが、インチキナックル。そこまで変化するわけじゃないから、バッターは「なんだかナックルみたいな遅い球だな」と思っていたかもしれんけどね。

これは野村さんに言われたわけじゃないけど、次に考えたのは、同じ球種で変化をつけられないかということ。スライダーでも速いスライダーと遅いスライダーを投げれば、球種が一つ増えたようなものでしょ。コーチ時代、選手によく言った「1球2種」ね。変化の仕方やスピードを変えた2種を持っておけば投球の幅が広がる。真っすぐだってそうだよ。同じフォームでスピードの強弱が出せたら、違う球になるからね。

ピッチャーは、みんな新しい球種を覚えたがるけど、得意な球種で、少しだけ握りや腕の振りを変えれば、まったく違う球にもなる。そのほうが簡単だし、早いよね。

俺がコーチで、落合が現役で中日にいたころ、「一番打ちにくいのは誰の球？」と聞いたことがある。そしたら「（広島の）佐々岡真司のスライダーかな」と言っていた。これもすごいんだけど、落合は佐々岡が投げるとき、スライダーというのは分かると言うんだ。ただ、佐々岡はスライダーが3種類くらいあって、それが分からなかったらしい。

軽トラに乗せてもらってマラソンをさぼった

当時の春季キャンプは高知の土佐中村と和歌山の田辺が半々だった。

俺は練習が嫌いだったから、隙があれば、さぼろうと思っていた。ありがたいことに、土佐中村は海が近くなんで、練習グラウンドのそばに防風林があったんだ。木陰に行くとグラウンドからは見えなくなる。きょうはかったるいなと思ったら、「ちょっとマラソンしてきま〜す」とか言って、タバコとミカンを持って木陰に行ってさぼっていたよ。野手はそうもいかんけど、投手は投げるか走るかがほとんどだから、ごまかしやすいんだね。

土佐中村は宿の周りも松林と畑くらいしかなくてね。夜、出掛けようと思っても、おばちゃんというより、おばあちゃんがやっているような小さなスナックしかなかった。覚えてるのは、練習が終わったら、宿でひとっ風呂浴びて、みんなで風呂場の前の畑に真っ裸で行ったこと。まだ明るいから日干しね。開放感があって気持ちよかったな。今なら、サウナのあとで〝整えてる〟ようなもんだよね。

後半の田辺はブルペンの裏がミカン山で、休みの前日にはマラソンで駆け上がる練習があった。あれは3年目くらいだと思うけど、俺は走るのは得意じゃなかったし、疲れるのは嫌だなと思ってたらたらやっていたら、ミカン農家の人の軽トラが通ったから「乗せてもらえる？」って頼んで手抜きをしたことがある。いいオジサンでね、乗せてくれただけじゃなく、タバコまでくれた。

途中でエモがいて「お〜い、エモ」と声を掛けたら、「俺も乗せてくれ」というから2人で乗って、最後のほうだけ降りて走った。野村さんが「おお、ミチも完走したのか」と驚いてたから、「はい」って、いい返事をしておいたけどね。

次の日、全員集合さ。そこで野村さんが怖い顔して「マラソンさぼって、トラックに乗ったやつがいる。出てこい！」って。仕方ねえな、なんでバレたのかなと思いながら出たら、エモも出た。ああ、2人でこっぴどく怒られるなと思っていたら、そこから島野育夫さんとか先輩がゾロゾロと何人も出てきたんだ。

むちゃくちゃ怒られて、「お前ら大阪に帰れ！」と言われたけど、野村さんの秘書みたいな人と一緒に謝りに行って、なんとか許してもらった。

実際には俺とエモの名前は出てなかったらしい。バレたのは島野さんたちで、山の上にあったごみ処理場へ行くトラックの後ろにつかまって上がったみたいだね。ユニフォームを着ていたから、見掛けた地元の人が電話したんだって。「南海の背番号×の人がトラックにつかまっています。危ないからやめさせたほうがいいですよ」って親切心からね。

エモは酒を飲まなかったけど、年が同じで仲はよかった。向こうは法政大、こっちは日大と違うが、当時からの知り合いでね。エモが熊谷組にいたころ、「俺がプロでできるんだからお前も来いよ」みたいな話をしたときもあった。あいつはドラフト外で1971年に東映に入り、1年で南海に来て、いきなり16勝したんだ。東映じゃ0勝だったのにね。

その1年あと、1973年に巨人から入ってきたのが、山内新一と松原明夫。この2人も南海に来てから勝ちだして、新一はいきなり20勝だからね。エモなら「そんなことない。もともと俺は力があった」って言うだろうが、エモにしても新一にしても、やっぱり野村さんのキャッチャーとしての力が大きかったと思うよ。

新一も俺たちと同じ年だった。俺は免許がなかったんで、一時期、新一に拾ってもらって、あいつの車で球場に通っていたこともあった。でもね、新一が先発で俺が抑えだから、勝ったときはいいけど、新一のあとに投げて、俺が打たれて負けたりすると、帰りの車の中がお通夜みたいになる。「悪いな」「いいよ、助けてくれるときもあるんだから気にするな」「いや、申し訳ない」って気まずい会話をした記憶がある。

新一は優しいやつだったから、そんなもんで済んだが、1年目は大変だったよ。みんな先輩投手だからね。勝ちを消したら、そのたびに謝りに行っていた。ブスッとして口もきいてくれないけどね。杉浦さんだけだったな。「お前、そんなことを考えていたら長くプロでやっていけないよ」って優しく言ってくれたのは。

あとね、抑えの立場からすると、新一は分かりやすいから楽だった。悪くなると球が高くなってくるから。分かりにくいのはエモで、三振バンバン取ったかと思うとフォアボールを連発し、満塁にしたかと思うと連続三振とかね。一応、2つフォアボールが続いたら肩をつくることにしていたから、「えっ、せっかく準備したのに」って何度も思ったよ。

薬でも治らない激しい下痢は熱燗で治すべし

キャンプと言えば、4年目の1973年も思い出にある。1年目は18勝で、2年目は指の故障でダメだったという話はしたけど、3年目はまずまずで、やっぱりリリーフだったが、9勝3敗で最優秀勝率投手のタイトルをもらったんだ。そのときは10勝しなくてもタイトルをもらえるんだと驚いたよ。

1年おきって言われたくなかったから、あのときは絶対に結果を出したいって思っていた。この年も半分が土佐中村で、半分が和歌山の田辺だったけど、最初の土佐中村ではとにかく練習した。食事も考えて、野菜と果物だけで肉も食わず、酒も飲まずにやっていたんだ。すぐ7キロ痩せたよ。太陽が黄色く見えるようになったから、体のどっかがやばかったんだろうが、大して気にしなかった。

土佐中村を打ち上げて、和歌山に移ったとき、「よし、ここまで頑張ったから、きょうから酒も肉も解禁にしよう！」と思って飲みに行ったら、いきなり胃けいれん。次の日も痛いわ、下痢は止まらんわで、七転八倒した。少し治まってからタクシーで病院に行き、注射してもらったら痛みがすっと消えたけどね。

でも、旅館に帰ったらまた痛くなったんだ。コーチの新山彰忠さんに「どうした?」って聞かれ、「下痢が止まりません。俺、大学のときに下痢が止まらなくなって、日本酒の熱燗《あつかん》を飲んだら治ったんですけど、いいですかね」って言った。ウソじゃないよ、ほんとにそんなことがあったんだ。新山さんには「いや、お前、それやばいんじゃないの」って言われたけど、宿のおばちゃんに頼んで熱燗2合持ってきてもらって飲んだら、ケロッと治った。新山さんに「お前は変わっているな」と、そのあと、ずいぶん言われたよ。

あの年は、せっかくだから節制は続けようと思って、あまり肉は食わなかった。でもね、そしたらシーズンに入って闘争心が湧かないんだ。打たれても、「お、あいつ、うまく打ったな」って思っちゃって、カッとくるものがない。ああ、野球選手は肉を食わんといかんなと思って、途中から食べるようにしたよ。

そんなふわふわした状態なのに、あの年のパ・リーグは初めての前後期制というのもあって、最初が肝心と思ったんだろうね、開幕から野村さんが俺をよう使った(4月は12試合中8試合、5月は26試合中13試合）。確か5月末（5月27日から）には7試合連投もあったよ。1週間でダブルヘッダーが2つだったが、それも全部ね。連投自体は11試合とかもあったから（72年）7試合くらいどうでもいいんだけど、その最後で3試合連続サヨナラホームランを打たれたんだ。

店のお客さんには「ギネスに申請したら」って言われるけど、たぶん世界唯一の記録で、塗り替えられることもないんじゃないかな。だって、普通は使わんでしょ、サヨナラホームランを打たれたやつを3試合連続でさ。野村さんは「絶対に破られない世界のワースト記録だ」と言っていたが、俺も言いたかったよ、「使ったそっちが悪くない？」って。

そうは言っても俺の唯一の世界記録だから、ちょっと振り返ってみようか。

最初の試合はロッテ戦（5月30日。後楽園）のダブルヘッダー2試合目で、榊親一さんにレフトスタンドにサヨナラ本塁打を打たれた。次は西宮での阪急戦（6月1日）だったけど、このときは福本豊にライトスタンドに打たれちゃった。カウントはノースリーだから打ってくるなんて思わんよね。福本もあとで「ノースリーから打ったのは初めて」と言っていた。おかしなことをせず、いつもと同じようにしてろって。

次も西宮の阪急戦（2日）だったけど、試合前、野村さんが余計なことを言ったんだよ。

「ミチ、二度あることは三度あると言うけど気にするな」って。それを言うなら「三度目の正直だ。今度は抑えられるぞ」と言ってほしいよね。半分ジョークだったのかもしれないけど、すごく嫌な予感がして「勘弁してくれよ」と思った。悪いイメージが頭にこびりついちゃうしね。

この試合はダブルヘッダーで、1試合目が打撃戦となって7対7で延長戦になった。本当は使う気なかったのかもしれないけど、延長戦になったことで10回裏から登板し、11回裏一死のあとに引っ張りの右バッターだった長池さんにライトポールに当てられるサヨナラホームランを打たれた。「うまく右に打った」と長池さんは言ってたらしいが、ウソつけって。顔が反対方向を向いていたよ。単なる振り遅れでしょ。

翌日だったかな。入院している知り合いをお見舞いに行ったら、逆に激励されちゃった。「気を落とすな、頑張れ」って。入院している人に励まされているようじゃダメだよね。

この3連敗もあって、すげえ負け越すかと思ったけど、最後は4試合連続登板での4連勝もあって11勝12敗かな。一つの負け越しで済んだ。あの年は(リーグ最多の)60試合に投げ、次の年が68試合で、前の年の1972年からは3年連続60試合以上(64、60、68

試合)。しかも先発じゃないのに、全部規定投球回には行ってる。よう投げたでしょ。相手のベンチから「ミチ、お前の顔は見飽きたぞ!」とヤジられたけど、こっちもそうさ。いつも最後に投げるから、阪急なら高井保弘さんとか、いつも同じ代打が出てきて、「また、あんたかよ」と思っていた。

俺のクイックは世界の福本より速かったんだ

あの年、南海は前期に優勝した、というかしちゃったんだ。阪急が優勝候補と言われ、ふたを開けたら金田正一さんが監督になったロッテが開幕から飛ばしたけど、いつの間にか南海が首位に立って優勝が決まった。最後はロッテの負け待ちだったから、胴上げはなく、祝勝会も私服で大阪球場の球団事務所でやった。そりゃ、うれしかったよ。初めての前後期制だったし、半分だけで優勝でいいのかなって少し思ったけどね。

ただ、後期は勝てなかったな。優勝の阪急に12敗1分けだからね。「死んだふり」で阪急を油断させた? そう書かれたけど、そんなわけないでしょ。この世界は個人の成績もある。130試合で結果出さなきゃ給料上がらんし、クビもある。みんな必死さ。死んだふりなんてしている場合じゃない。

阪急がそれだけ強かったんだ。世界の盗塁王・福本がいて、加藤秀司、長池さん、代打には高井さん、投手も山田久志、足立光宏さん、米田哲也さんとか。力的には南海はまったく歯が立たない。相撲で全盛期の白鵬に12連敗してたら、まわしを見ただけで「勝てるわけない」になるでしょ。俺たちも同じだった。阪急のユニフォーム見ただけで「きょうも負けるな」と思っていたからね。

クイックは、野村さんがよく「福本の盗塁を止めるために編み出した」と言っていたが、確かに、個人じゃなくチーム戦略としてやったのは、野村南海からだった。でも、技術としては昔からあったよ。野村さんは、ミーティングで俺たちに「もうワシの肩はボロボロや。ちっちゃいフォームで投げんと走られまくって損やで」って言ってただけだしね。

クイックって、いつもと違うフォームをしなきゃいけない。ピッチャーとしては面倒だし、球が遅くなるからやりたくないと言う人も多いけど、俺は得意だった。1つコツを言うと、クイックと言うと、足を高く上げずにすり足にすればいいと思ってるやつが多い。確かにそうすれば下半身は早くなる。ただ、そこだけ意識しても、上がゆったりとし、テークバックが大きくなったりで、実際にはクイックになっていないことが多いんだ。だから、俺は腕も早くするために、グラブから早く球を離し、テークバックを小さくした。

あとね、構えで気をつけたのは頭を動かさないこと。バッターもランナーも目だけで見て、できるだけ動かす場所を減らした。〝なくて七クセ〟と言うけど、動かす場所が増えると、どうしてもクセが出る可能性が増えるからね。

自慢じゃないけど、福本にはあんまり走られていない。福本に言われたのは「ミチはけん制しないから難しい」だった。ピッチャーのけん制を見ながらスタートや帰塁のタイミングを計っていたらしいが、俺はほとんどけん制しないから分からなかったって。

そう言えば、あいつのおかげで3回くらいNHKに出させてもらった。福本の盗塁特集の番組で、対戦した投手の代表みたいな感じで呼ばれてね。そこで「俺のクイックは世界の福本の足より速かった」と言ったらウケていたよ。あれは座布団何枚かもらってもいいんじゃない。

最後の最後で痛恨のカウント間違い

当時の前後期プレーオフは3勝したほうが勝ちだった。あの年は、解説者もマスコミも当然、「阪急の圧勝」を予想していたし、正直、俺らもそう思っていた。でも、1戦目に南海が勝って、結局、2勝2敗で最後、第5戦（10月24日、西宮）となったんだ。

野村さんは、のちのちいろんな本で、このプレーオフを「会心の采配」と書いている。1戦目は絶対に取り、2戦目は捨てた、みたいな話だったけど、野村さんはどう考えていたか知らんが、選手は策も何もないよ。一戦一戦、必死にやっていただけ。ただ、絶対勝てると思っていた阪急側からしたら、初戦に負けたことで慌てたのはあったと思う。

5戦目は、こっちの先発が山内新一、向こうは山田久志。投手戦になって0対0の7回に声が掛かった。調子はよかったよ。7、8回と0点に抑えたら、9回表に、二死からスミスと広瀬さんがカンカンと山田から連続ホームランで2対0としてくれた。

9回裏、最初は「ミチ、この回、抑えたら優勝や。早よ終われ」と先輩たちに言われ、「はいよ」と軽く言えたんだ。そこまで2試合に投げて1勝していたんで、「ああ、ここを抑えれば2勝目だからMVPだな」なんて考えていた。

二死を取って、向こうは代打で当銀秀崇さん。ホームランを打つタイプじゃなかったし、普通ならすんなり終わるところさ。でも、実は一死を取ったあたりから少しずつおかしくなっていた。二死となったときは「あと一人だぞ」と言われて、いつもなら「はいよ、任せとけ」くらいポンと出るのが、返事ができなかった。らしくないと思うかもしれないが、優勝を目前にして緊張しちゃったんだね。

それで痛恨なんだけど、カウントを間違えた。実際には2—2だったのに、3ボール1ストライクだと思っちゃったんだ。次の球で野村さんがインサイドのボール球を要求したから、「えっ、そこに投げたらフォアボールだぜ」と思った。サインだから何か考えがあるのかなと投げたら、甘くなってホームラン。2—2だと分かっていたら、あんな中途半端な気持ちでは投げなかったよ。

次、高井さんの代打の場面で、野村さんが来て「江本と交代や」と。俺は「嫌です。投げさせてください」と言った。抑える自信もあったし、打たれて交代なんて気分よくないしね。野村さんはちょっと困った顔をしながら「もう勝ちは決まったようなもんや。そうなればお前がMVPだ。あと一人は江本に任せろ。あいつの準備はできている」って。ウソさ。エモはブルペンじゃなくベンチに座っていたからね。

最後、エモが高井さんから三振を取って胴上げ投手。次の日の新聞はみんなその写真だ。おいしいところを取られちゃった。まあ、それも俺の運ってやつだろうね。

野村さんは、俺が交代を渋ったのは、エモと俺が仲が悪いからと思っていたらしい。そんなことまったくないよ。野村さんは時々、そういう余計な深読みをするんだよね。

プレーオフ初のMVPも賞品の車は「あげちゃった」

野村さんの言葉どおりプレーオフのMVPはもらった。このときは日本シリーズみたいに賞品は車だったんだ。初めてのプレーオフだから奮発したんだろうね。車のフロントに座って、ベニヤ板の大きなカギを持っての写真が『週べ』にも載ってた。

その車？　あげちゃったよ。ミナミで飲んでいたとき、知り合いに「あの車、俺にくれよ」って言われて、酔った勢いもあって「はい」と言っちゃった。俺は免許もないし、車なんかいらんなと思ってね。そのあとヨメにすげえ怒られたよ。そのときのヨメにね。

なぜかは知らんが、プレーオフの賞品の車は2年目からなくなった。翌年のMVPはロッテの村田兆治で、ロッテのコーチになってあいつに聞いたら、高麗人参1年分だったらしい。「ミチさんが車をあげちゃったからですよ」と兆治に言われ、「そんなこと関係ないだろ」と答えたけど、有名な話になってたのかな。

ちなみに、免許は一度も取ったことがない。南海1年目にかわいがってくれたスナックのマスターが「車を買い替えるから、前の車をミチにやるよ。この本を読んで免許の勉強しとけ」と言われたとき、移動の新幹線で本は読んだんだけど、野球選手って、どうしたってオフにならないと免許なんて取れないでしょ。

でも、オフは酒を……、いやオフも酒飲むし、麻雀やゴルフで忙しくてね。なんとなく行きそびれた。そのあとも南海の応援団に教習所の所長だったか副所長がいて、「ウチに来たら、すぐ取れるよ」と言われて、その気になったことがあったが、やっぱりオフになると誘惑が多過ぎてダメだった。大阪にいたら車がなくても不便じゃないしね。


プレーオフのあとが巨人との日本シリーズだったけど、もともと阪急に勝てるなんて誰も思っていなかったからね。俺は選手会長だったから、選手会のゴルフを日本シリーズの時期にやるつもりで場所を探していたくらいだよ。

それが優勝でしょ。もう舞い上がってね。あの日は「俺たちよくやったなあ」って、朝までどんちゃん騒ぎをした。確か3日後に日本シリーズが開幕だったけど、俺だけじゃなく、体の準備も巨人の研究も、誰もしてなかったと思うよ。さすがに野村さんはしてただろうけどね。

それでも第1戦（10月27日）は、大阪球場でやって南海が4対3で勝った。エモが完投で、俺の出番はなかったけどね。それで夜、雨がじゃんじゃん降りだったんで、「あしたはどうせ試合中止や」って、みんなで飲みに行って、また大騒ぎした。ところがなんと、朝起きたらピーカンさ。昔の日本シリーズはデーゲームだし、みんなフラフラで、「こんな酔っぱらってたら負けるな」と言ってたら、やっぱり負けた。

でも、いい試合だったんだよ。新一が先発で、俺は1対2の7回から投げたんだ。そしたら、向こうも途中から堀内恒夫が出てきたけど、スミスが犠牲フライを打って同点になった（7回裏）。そのあとは俺と堀内の投げ合いになって、最後は11回表、俺が堀内にセンター前にタイムリーヒットを打たれて2対3で負けた。言い訳をさせてもらえば、あのとき野村さんは、堀内が引っ張ってくると予想して、ショートの小池兼司さんをサード側に寄せ、三遊間を締めたんだ。あの当たりは定位置なら捕れていたと思うよ。

結局、南海は1勝4敗で負け。MVPは俺からのタイムリーで調子に乗った堀内だった。でもさ、あの年の巨人は、5試合で堀内と高橋一三さん、倉田誠さんの3人しか投げてない。それもすごいよね。

負けたけど、正直、そんなに悔しさはなかった。あっと言う間に始まり、あっと言う間に終わっていたというのかな。リーグ優勝で満足しちゃったとこがあったし、相手は巨人だからね。ただ、まさかあれが現役ではプロで唯一の優勝になるとは思わんかったよ。

門限1時と言われたら「昼の1時ね」

優勝した年は、ウチの長女とカツノリ（野村克則。野村兼任監督の息子）が生まれた年なんだ。南海時代の最後のほう、何年だったか忘れたが、大阪球場で俺が先発した試合で、ネット裏で当時のヨメさんとサッチーさん（沙知代。野村監督夫人）と、子ども2人が応援していたことがある。そのときカツノリがバックネットにしがみついて、「絵里ちゃんのパパ、頑張って！」って言ってた。絵里は長女の名前でパパは俺ね。俺は娘2人で、長女は絵里、次女は友里というんだ。試合は俺の完投勝ち。終わったら絵里が「パパ！」って抱きついてくれたっけ。あのころはかわいかったなあ……あ、あのころも、だよ。

南海の先輩たちの車の話はまだしてなかったよね。俺が入ったとき、たまたまなのか知らんけど、野村さん、杉浦さん、広瀬さんがムスタングに乗っていた。アメ車だね。燃費が悪いらしく、「ガソリンばらまいてるようなもんだよ」って、みんなよく言ってた。少し自慢げにね。

監督室に行くと、机の上にロールスロイスの写真があって、野村さんが「ミチ、これに乗るのが、俺の夢なんや」ってよく言っていた。何年かしたら実際、乗っていたけどね。南海カラーというわけでもないんだろうが、グリーンの車だった。

そうそう、広瀬さんがムスタングから汗だくになって降りてきたこともあった。冬でもないのに暖房をガンガンにつけていたんだ。聞いたら「きのう飲み過ぎてな」。要は、サウナの代わりさ。そこを見てない人は、汗びっしょりの広瀬さんを見て、「気合入っているな。早くから来て練習してたんだ」と思ったらしい。南海は俺も含め、酒飲みが多かった。練習で酒臭い人もたくさんいたよ。

遠征では、門限はあったけど形だけ。「おい、門限1時な」って言われたら、「おお、昼の1時か」って言っていたからね。だいたい遠征のナイターだったら、着替えてから出掛けてメシ食って酒飲んだら、すぐ1時なんて過ぎちゃうよ。

野村さんがサッチーさんと付き合いだしたのもある。遠征で俺らと同じ宿に泊まらなくなったんだ。そうなりゃ、俺らが門限、気にする必要はない。

遊びの話のついでだけど、南海には麻雀が好きな人もたくさんいた。俺は強いかどうかは知らんが、日大時代から、そう痛い目は見てないよ。ただ、徹マンはしなかったな。あれは野手だよ。朝まで麻雀やったら、その日、投手は投げられんからね。

稲尾和久さん（ロッテコーチ時代の監督）もそうだったらしい。いくら付き合いが悪いと言われても、絶対に12時には帰ったって。まあ、「次の日がデーゲームなら」と言っていたけどね。やっぱり本家・鉄腕だ。

体力だけの問題じゃない。考えてみてよ、次の日、デーゲームで登板があるかもしれないのに、朝まで麻雀してるピッチャーのために野手は体張ってプレーはしないでしょ。遊んでいる投手の給料を上げるために骨折でもしたらアホやからね。

2回目の防御率はたまたま、狙いどおりは初代セーブ王

続く1974年に2回目の最優秀防御率を獲った。1・91だから、なかなかのもんでしょ。でも、まったく狙ってはいなかったよ。いくらリリーフでよく投げたと言っても、イニングは130そこそこだからね（131回2/3）。先発で200イニング以上を投げてる人もいたから「先発とリリーフで防御率を分けて表彰してくださいよ」と、マジで新聞記者や連盟の人に言ってた。悪い気がしてね。

ただ、セーブ王は狙っていた。セーブ制度が導入された元年だったからね。野村さんに

も「初代だけは獲らせてください」って頼んだ。制度があれば、俺は1年目から最多セーブだったかもしれない。せっかく制度ができたのに、初代になれなかったらもったいないでしょ。

結局、13セーブで初代セーブ王になった。数が少なく感じると思うけど、当時は今みたいに勝ち試合の1イニング限定なんて使われ方じゃない。引き分けとか負け試合でも投げたから、味方が逆転して勝ち投手になったり、失点0でもセーブも勝ち星もない完了の試合はずいぶんあるはずだよ。イニングも7回くらいから2、3イニングは投げていたしね。2ルールもきつかったんだ。リードが3点じゃなく2点以内しかセーブがつかなかった。2点差で「よし、きょうはセーブだ」と思って準備していても、登板前に味方が打って3点差になると、いわば、ただ働きだったからね。

セの初代は中日の仙さん（星野仙一）。この人も10セーブだったけど、確か15勝していて先発も抑えも、という感じだった（49試合で17試合に先発し、7完投）。制度だけじゃなく、セーブが増えるような継投のシステムになってなかったということだね。

このころになると、俺も「先発させてくれませんか」という話を野村さんに直接するようになった。それまではセーブ制度がないから抑えは評価されないと言われたが、セーブ制度ができても給料が上がらないんだもん。フロントは野球してた人じゃないから、試合数とか勝利数しか見ないしね。俺が1974年に68試合に投げて、1975年が42試合になったときも、投球回は先発したりして、むしろ増えているのに「去年から随分登板試合が減ったな」と給料下げようとするんだ。勘弁してよだね。

あと腹が立ったのは防御率。なまじ1974年に1・91なんて出しちゃったから、それと比べて「防御率が悪くなった」と言ってくる。だから俺は「成功した回数を見てください」と言っていた。やっぱり時々は4、5点取られることもあるじゃない。そうすると、リリーフは投げてるイニングが少ないから一気に上がっちゃうし、一度上がった防御率がなかなか下がらないんだよ。

俺は結局、1970年が新人王と最優秀防御率、1972年が最優秀勝率投手、1974年が最優秀防御率、最多セーブ、1976年が最多セーブと、見事に1年おきなんだよね。そうなると、どうなるか分かる？　給料が上がらないんだ。

1年目は年俸180万円だったのが490万円になったけど、2年目は8勝に終わったから90万円下げられ、400万円になっちゃった。門田は1年目は俺と同じ180万円が360万円になったけど、次の年、打点王を獲ったら720万円と倍になった。これで俺とは320万円の差よ。俺も逆の順番なら、門田みたいに倍々ゲームになったはずなのにね。

南海の最先端野球『シンキングベースボール』はすごかった

南海はケチだったし、大阪球場のお客さんも少なかったけど、野球は最先端だったよ。野村さんというと、ヤクルト監督時代のID野球の印象が強いかもしれないが、その最初が南海時代、選手兼任監督の野村さんとヘッドコーチのブレイザーの『シンキングベースボール』、つまり考える野球だからね。

もともと南海は走者を出したら足やバントを使って、どんな形でも1点を取る野球が伝統としてあった。野村さん自身がホームランバッターでありながら盗塁もしたしね。ホームスチールが得意だと自慢してたこともあったな。

兼任監督となった野村さんは、そういう南海の伝統的な野球にプラスして、ブレイザーの意見も取り入れながら、いろいろなアイデアを形にしていった。「強いチームはセオリーどおりでも勝てるが、弱いチームには奇策も必要だ」と言っていたけど、俺たち選手もびっくりするような作戦に出ることもあった。

画期的だったのは守備。試合では『王シフト』（巨人・王が打席に入ると、外野がライト寄りになる）より、さらに大胆な守備シフトを敷いていた。それこそ、メジャーでやってたみたいなものね。右打ちで引っ張りの阪急の長池さんが打席に入ったときは、セカンドなんていらないと外野を4人にしたり、左で同じく引っ張りだけど、ライナー性が多かった近鉄の永淵洋三さんのときは、レフトを空けて外野2人で内野を増やしたりね。

必ずしもデータどおりに打球が行くわけじゃなかったが、これが嫌らしいところは、バッターがいらだったり、人のいないところを狙うと、その選手本来のフォームが崩れたりする。どちらかと言うと、そちらを目的にしてるのかなと思うこともあった。たぶん、あれを巨人がやったら随分話題になったんだろうけど、パ・リーグだから大きな記事になったことはなかったけどね。

東京教育大でスポーツトレーナーをしてた人をコーチに呼んで、科学的なトレーニングをやったこともあった。最初は俺らも血の気が多い時代だし、野球を知らんやつが偉そうに言うなと思って、「キャッチボールできるようになったら言うこと聞いてやるわ」って言ってたけど、そのあとフリー打撃に投げるようにまでなった。そうなりゃ仕方ない。素直に謝りに行ったよ。

ブレイザーはメジャーでも名手と言われたセカンドで、野球を知り尽くしたような人だった。阪急にいたスペンサーもそう。パワーだけの外国人が多かったけど、この2人はまったく違った。

スペンサーは体がでかいし、昔はホームランも打ちまくっていたらしいが、全盛期は過ぎていたし、バッターとしてはそんなに怖くなかった。ただ、クセ盗みの天才でね、フォームやしぐさだけじゃなく、投手が振りかぶったときの手首の筋の動きを見て、球種が分かったという。筋が動いたら変化球、動かなかったら真っすぐとかね。それを阪急のほかの選手にも伝えていた。

野村さんはそれに気づいて、南海のピッチャーには「阪急戦だけは長袖のアンダーシャツを着ろ」と言っていた。俺はノーワインドアップだったから半袖でいいと言われたけどね。南海と阪急はそういうガチンコの情報戦もあったんだ。相手の弱点を徹底的に探し、突いてくる野球だね。

暴れん坊風のスペンサーと好対照で、ブレイザーは物静かな人だった。俺らは「ダンさん」と呼んでいたけど、気難しい人じゃなかったよ。お互い片言で、ジョーク交じりのくだらんこともよく話していた。

ただね、この人は、いくら頼んでもスクイズはやってくれなかった。俺は7回とか8回から投げることが多かったが、終盤の1点差のリードと2点差のリードは大きな違いでしょ。いつも調子がいいわけじゃないから、味方が1点差で無死三塁とかになると、「スクイズ、スクイズ」と相手に分からんように、ゼスチャーでダンさんに伝えたけど、絶対にやってくれない。聞くと「大丈夫、大丈夫。2人いれば、どっちかが外野フライくらい打つよ」。なかなかそうはいかないから頼んでいたんだけどね。

別にバントが嫌いというわけじゃなく、送りバントはよくやっていた。俺の入ったときは、もう現役じゃなかったけど、ダンさん自身、バントがめちゃくちゃうまいんだ。当時はパもDHがなかったから（1975年から採用）、キャンプでピッチャーが順番にバントの練習をするでしょ。そのときやってきて、一塁側と三塁側にマルを描き、

「ミチ、俺がバントで、このマルの中に入れたらコーヒーをおごってくれ。失敗したらビールをプレゼントするから」

もちろん、「ＯＫ！」でやったけど、これがまたきれいに転がしてマルの中にきっちり止めるんだよね。むきになって「もう1回！」とやっていたら、コーヒー3杯おごるはめになったよ。

タバコを持ったまま抗議に飛び出した野村さん

日本に戻ってから今一つだけど、メジャーに行く前、楽天のマー君（田中将大）が無敗で24連勝したことがあったよね（２０１３年）。交流戦もあるから、ペナントレースでは、ほかの11球団が寄ってたかって対戦してもマー君をつぶせなかったことになる。

あのとき思ったのは、野村さんがどこかのチームの監督でいたなら、これはなかっただろうな、ということ。マー君は野村さんの教え子だから欠点を知っているということだけじゃなく（楽天入団時の監督）、野村さんがいたころ、つまり俺のいたころの南海ホークスなら、それは絶対にないと思ったんだ。

南海は打てないチームだったけど、こいつを攻略するとなれば、徹底して研究し、策を立てた。マー君は球は速いし、変化球もいいが、制球力のいいピッチャーだから付け込む余地はある。盗塁、バント、エンドランと、なんでもありで攻めたと思う。相撲で言えば、けたぐりだね。野村さんは、目の前の試合だけじゃなく、先々まで見ている監督だったから、その試合でダメでも二度、三度やったら絶対につぶしていたと思うよ。

今は全員がフルスイングみたいな野球が多いが、あれじゃ二線級はめった打ちにできても、本当にいいピッチャーが出てきたら何もできなくなる。南海は伝統的に職人的なバッティングができる選手がたくさんいたから、野村さんの野球に合わせやすかったのもあるんだろうね。

興味があって野手のミーティングもよく聞いていたんだけど、ロッテの村田兆治が手がつけられないくらいすごかった時期に、野村さんが「お前たちは村田の真っすぐを待ってフォーク、フォークを待って真っすぐなんて絶対に打てない。どっちかに決めていけ。間違ったらゴメンなさいで帰ってくればいいんだ」と言っていた。そのミーティングのすぐあとだと思うが、桜井輝秀が追い込まれてからセンター前にサヨナラヒットを打ったことがあった。このときはフォークだけ待っていたという。

チームが決め事をつくれば選手が迷わないんだ。これも大事だよね。個人じゃなく、チームで攻略していくのが南海だった。

1975年に阪急に入った山口高志の真っすぐはすごかったけど、野村さんは「高めは打つなよ」とよく言っていた。見ていると、高めはボール球を振ってることも多かったからね。でも、あとから聞いたら「ミチ、あれは失敗したんや。高めはあかんぞ、と言うと無意識に高めがインプットされて、そこに意識が行ってしまう。それより低めを打てよ、と言ったほうがよかったんだけどね」と言っていた。

なるほどなと思った。データだけでなく、伝え方も大事なんだなって。サヨナラ3連発の〝反面教師〟も含め、俺もコーチ時代、参考にさせてもらったよ。

ブレイザーがいるから、野村さんは攻撃中のベンチではほとんど何もしなかった。あれ、いないなと思うと、バットケースの後ろで、タバコを吸っていた。昔はベンチの後ろに灰皿があって、試合中でも、みんな吸ってたからね。あの人は酒は飲まないけど、タバコとコーヒーは大好きだったんだ。

一度、ホームのクロスプレーで明らかにセーフなのにアウトとされたことがあった。そしたら一塁側のベンチから「なんだ！」って野村さんが飛び出したんだけど、そのとき手にタバコを持っていた。俺たちがベンチから「監督、監督！」って必死に呼び止めたら、ハッと気づいて、ベンチに戻ってタバコを捨ててからまた抗議に出ていたよ。

長かった博多の夜の野村さんとの野球談議

野村さんは、野球について深く考えていたけど、要は、それだけ野球が好きで、一生懸命だったんだと思う。俺は野村さんと野球の話をかなりした。俺自身、野球の話が好きというのもあったしね。

よく話したのは、福岡の平和台で試合があったときだった。サッチーさんと付き合いだしてからは、遠征で野村さんはいつも宿舎が違ったけど、福岡だけはサッチーさんが来なかったのかな。結構、宿舎にいることが多かった。

福岡の宿舎では、俺も1年坊のときは大広間で10人くらい一緒に寝ていた。野村さんは一人部屋で、ほかは2人部屋だったけど、玄関から先輩たちの部屋までつながっていて、夜中、酔っぱらっている先輩が電気の消えた大広間を通って、見えないから寝ているやつを踏んでいく。あちこちで「うわ!」「いて!」とか聞こえたよ。

晩飯も大部屋でみんな一緒だったが、俺は抑え投手だし、試合のあった日は、あれこれやっていると、必ず最後のほうになるんだ。そうすると、席が監督の前しか空いてない。俺は別に監督の前は嫌とか思わなかったから、「監督、お疲れさんです」とか言って座って、すぐ「お姉さん、ビールね」と頼んじゃう。野村さんは飲まないから「ミチ、お前うまそうに飲むな」とよく言われたよ。そこで酒を飲み、メシを食いながら、いろいろと野球の話をした。

野村さんが野球の話を始めると、まずその日は外には飲みに行けない。終わらないからね。でも、俺はそれが楽しかったし、勉強したことはたくさんあるよ。たぶん、野村さんも、話しながらいろいろ思いつくことがあったんじゃないかな。

ほぼ野村さんの独演会だけど、時々、俺だけじゃなく、近くにいたほかの選手やコーチも交えての野球談議になる。あるとき、ヤクルトから来た大塚徹さんがこう言ったことがある（1972年南海入団）。

「（ヤクルト時代の監督）三原（脩）さんはひどいんですよ。9回裏のチャンスで、代打で使ってくれるから、こっちはよし打ってやるって張り切るじゃないですか。なのに『待て』のサインしか出さないんですよ」

大塚さんはヤクルトで二度サヨナラ押し出しを選んでいて、どちらも巨人の高橋一三さんだったという。裏の手もあって、一三さんはニューボールが嫌いだったらしいけど、大塚さんは1球1球、「球が汚れて見えづらい」と言って審判にボールを変えさせたらしい。

策士だね。
そのあと、野村さんも大塚さんにまったく同じことをさせて、やっぱり二度押し出しサヨナラ勝ちを成功させた。4回のサヨナラ押し出しは日本記録らしいね。

次の1975年は9勝（9敗）6セーブかな。防御率はそんなに悪くなかったと思うよ（リーグ4位の2・50）。セーブ王は獲れなかったけど、2年目だからこだわりはない。同点や負けている場面の登板も多かったし、セーブがつくかどうかなんて、巡り合わせもあるからね。

その年のオフ、エモとのトレードで阪神から江夏豊が来た（ほかに南海から島野、長谷川勉、池内豊、阪神から望月充という4対2のトレード）。江夏は故障もあって、その前の数年は今一つだったが、球界の大スターだからね。当時のセからパだから都落ちの気持ちがあったのか、ちょっと近寄り難いオーラを出していたけど、俺はそういうの気にしないから、普通に接して、練習でのキャッチボールや柔軟運動もずっと一緒だった。

1973年のプレーオフで、俺があと一人の場面で緊張してカウントを間違えたという話を江夏にしたことがある。「お前はそんなことないだろうけどな」と言いながらね。

そしたら「俺もマウンドに向かうとき、地に足が着かず、ふわふわしていたことがあるよ」と言われ、ああ、天下の江夏も緊張するんだと思って、少し気が楽になった。
あいつ酒が飲めないのに、この店にも3回くらい来てくれた。そのとき「ミチが最初、俺の相手してくれたんや」ってね。覚えていたんだと思って、うれしかったよ。

1976年は江夏が先発で、俺は抑えで二度目のセーブ王になった（16セーブ）。規定投球回もいってたよ（リーグ3位の防御率2・25）。店のお客さんに教えてもらったんだけど、1977年からはセーブじゃなく、セーブポイント（セーブ＋救援勝利）の表彰になって、名前も最優秀救援投手になったらしいね。その後、セーブだけに戻っても最優秀救援投手という呼び方は変わらなかったから、「最多セーブ投手賞」というタイトルは1974年からの3年だけだった。そのお客さんは「3回中2回だからすごいですね」って言っていたよ。

そのオフかな、野村さんに「先発でどうだ」と言われたのは。もう「喜んで！」よ。「リリーフは給料上がらんから、先発させてください」って、ずっと言ってたからね。
野村さんが「球界に革命を起こそう」と言って、渋った江夏を説得してクローザーにしたというのも有名な話だよね。あのころのリリーフは、先発ができないやつがやってるみたいに見られていたからね。当時の江夏は心臓の病気もあって、長いイニングを投げるのが難しかったらしく、試合中、心臓を押さえてうずくまったこともあった。こっちは「あれ、コンタクト落としたのかな」と思って、一緒に探してやろうかと飛び出しかけたよ。

本当は俺が抑えのパイオニアだというねたみも？　いやいや、そんな気持ちはまったくなかった。先発に回れてよかっただけさ。

リリーフが嫌いだったわけじゃない。試合で投げるのが好きだったから、毎日のように投げる抑えは楽しかったし、何より抑えたらカッコいいでしょ。世界が自分を中心に回っているような気持ちになれる。最後のバッターを抑えて、野村さんがマウンドに来て、「ミチ、ナイスピッチング」って言ってくれ、「ありがとうございます！」「また今日はいい酒飲めるな」「はい！」って感じでね。

でも、プロの評価はあくまでお金。こっちも生活があるしね。先発のほうが稼げるから先発になりたかっただけさ。

1977年は先発に回って12勝。完投は7しかしてないし、あまり考えなかった。一回り抑えたら次の一回りをどう抑えるかという考え方で、先発だから二回り、6回くらいは投げなきゃと思って投げていただけさ。7でも大したもん？　近鉄の鈴木啓示を調べてみてよ、たぶん、20いくつしてると思うよ（24完投）。そんな時代なんだ。

野村さんに本気で腹が立ったことが二度ある

野村さんに、本気で腹が立ったことが二度ある。一度は、大阪球場でノーアウト満塁2ボール0ストライクから交代になって投げたとき。ファウルグラウンドにブルペンがあったんだけど、ピッチャーがコースを狙ってカウントを悪くしていたんで、試合を見ながら、「ああ、真ん中に投げりゃいいのにな」って思っていた。打つか打たないかは投げてみなきゃ分からんしね。

そしたら野村さんが動いて投手交代。「このあと誰が投げるんだろ、投げるやつは大変だな」と思っていたら俺だった。はっきり言って嫌だったから、投手コーチに「おい、ミチ、お前だぞ」って言われても「嫌です。聞こえません」って言った。

仕方なく投げたら、案の定、初球ボールでノースリーになった。当時、俺はスライダーしかストライクが入る自信がなかったから、そこからスライダー勝負さ。1球ファウルされたあとだったかな。やばいなと思いながらも、四球は嫌だし、打つなら打てと投げたら、レフトへの犠牲フライ。しまったとは思ったけど、その1点だけで試合は勝ったよ。

あのときはカッカしちゃって、「野村さんは俺のことを嫌っているのかな」と本気で思った。だって2ボールからだぜ。どうせなら最初から投げさせろ、こんなとこで使うか！という場面だからね。しばらくして平和台球場でメシを食っているとき、野村さんの近くの席になったんで、思い切って言ったんだ。

「監督は僕を嫌ってないですか。あのとき僕に恥かかそうとしたでしょ」

そしたら野村さん、あのボソッとした話し方で、

「そんなわけないやろ。あのとき続投なら押し出しのフォアボールは見えていた。ミチなら打たれるかもしれないが、フォアボールはないと思ったんだ。あそこは1点は仕方がないが、アウトが欲しかったからな」

そう言われると、なんだかうれしくなってね。「ならいいんですが」って。少し顔がニヤついていたかもしれんね。俺も単純だな。

もう一度は、最後のバッターに対し、少しコースは甘くなったけど、レフトライナーで打ち取って勝ったとき。いつも野村さんはマウンドに来て握手してくれるんだけど、その

ときは来なかった。しかも「アホ、あれは普通だったらサヨナラホームランや」って言ってきた。こっちは腹が立って、ロッカーに戻ってから「やってられるか！　プロは勝てばいいんや！」ってグラブをたたきつけたんだ。

そしたら、まだ現役選手だった古葉竹識さん（のち広島ほか監督）が「ミチ、監督は、お前はコントロールのいいピッチャーだから、たまたま抑えているんじゃダメだと言っているんだ。しっかり投げられるはずなんだ、という意味なんだよ」と慰めてくれた。古葉さんは俺が入団した1970年に広島から移籍してきた、いわば同期で、大阪球場のロッカーが隣だったんだ。すごく優しい人だったね。

俺は普段は怒りっぽいわけじゃないけど、試合でアドレナリンが出てるんだろうね。ロッカールームでグラブをたたきつけたり、マウンドでも表情に出ちゃうときもあった。ただ、味方がエラーしたときじゃないよ。自分がふがいない投球をして打たれちゃったときだけ。ピッチャーはみんなそうだと思うよ。野手との信頼関係もあるし、野手がすねたり、逆に委縮して変な力が入ったりしたら、損するのはこっちだしね。

試合中、マウンドで味方のエラーに本気で怒ってグラブをたたきつけたのは、阪神の下柳剛が秀太のエラーでやったのと（2007年）、中日の仙さんが、（ショートの）宇野勝がフライをおでこで受けたときくらいじゃないかな（1981年）。宇野のヘディングはひどかった。ありゃ、俺でもグラブをたたきつけるかもしれんね。いや、マウンドで笑っちゃうかな。

怒ったわけじゃないけど、野村さんで嫌だったのが『ささやき戦術』。野村さんがバッターに「きのう○○で飲んでたらしいな」とかボソボソ言うヤツね。バッターは嫌だったかもしれんが、俺は俺で、それでバッターが打席を外したりするのが嫌だった。

俺は球が遅いのもあるけど、ポンポン、ポンポンとリズムよく投げたかったんで、その間《ま》が嫌でね。何度か野村さんに「やめてください」と言った。よくピッチャーが攻めるというと内角に投げることだと思ってる人がいるが、それは違う。いろいろな攻め方があって、俺の場合はテンポで攻めたかったんだ。

でもね、『キャッチャー・野村』への文句は、ほんとこれくらい。

野村さんは、ものすごく投げやすかった。構えもキャンプで「どう構えてほしいか」と聞いてくれ、実際してくれたしね。俺は低めのときはしっかり低く構えてほしかったし、コースなら寄って構えてほしかったんで、そう言った。そのほうが腕も振りやすかったからね。逆に山内新一は俺よりコントロールがいいから「ミットだけ動かしてください」と言っていたらしい。そうやって投手の話を聞いて、合わせてくれる人だった。

野村さんですごいなと思ったのは、結果論を口にしなかったこと。ゴロを打たせて併殺を取りたいとき、ゴロは打たせたけど、野手の間を抜けてヒットになることもあるが、それで点を取られても絶対に怒らなかった。ゴロを打たそうとして打たせたわけだしね。

逆のケースでこんなことがあった。門田がエンドランのサインが出たとき3ランを打って、めちゃくちゃ怒られたことがある。エンドランのときは走者が走っているわけだから、空振りもダメだけど、ライナーやフライもゲッツーを食らうことがある。とにかく転がせという作戦だよね。そこで特大のフライのホームラン。意気揚々と門田がベンチに帰ってきたら、野村さんが「お前、罰金や。なんで転がさんのや」。それを聞いた門田がむくれた、むくれた。

結果論を言わない野村さんの姿勢は、俺もコーチになったときに見習わせてもらった。さっきと同じケースで、キャッチャーのサインどおりゴロ狙いで低めにきちんと投げたのに、間を抜かれて点を取られたとする。ベンチに戻ってくると当然、「すみません」と言うよね。そこで、大抵のコーチは怒ったり、「次は気をつけろよ」と言う。ピッチャーにしたら「何を気をつけたらいいんだ。サインどおり投げたのに」だよね。ここで「くよくよするな。ゴロを打たせようとして投げて間を抜かれただけだろ」と言えば、ピッチャーも「あ、分かってくれているんだ」と思う。

コーチだって、もともと選手だったんだから、どういう言葉を掛けられたらどう感じるかは経験してる。結果論で怒られてムッとしたことは何度もあるはずだよ。それがコーチになった途端、忘れるのか、偉そうに言わなきゃいかんと思うのか知らんけど、変わってしまうやつが多い。

俺は野村さんの背中を見たおかげで、現役引退後、ロッテ、中日、近鉄と3チームでコーチができたと思う。ほんと感謝してますよ。

野村さんはフランス料理より漬物が好き?

俺の家に、野村さんがおでんを食べに来たときの話をしようか。あのときはもう娘もいたから、入団して4、5年目かな。大阪球場での土曜のデーゲームのあとだったと思う。試合のあと監督室に呼ばれて「ミチ、きょう、お前のとこのメシはなんなんだ」と聞かれた。当時、同じマンションの中で仲のいい5家族がいて、時々一緒にメシを食っていた。

子どもたちはどこかほかの家で食べさせて、そのまま遊ばせ、親は別の家で飲みながら食べるというね。

ちょうどその日もやるはずだったから、「仲のいい連中で俺の家に集まって、おでんを食べるとか言ってましたよ」と言ったら「俺も行っていいか。きょうはマミー（沙知代夫人）が東京に行って誰もいないんだ。一人でメシ食うのもなんだと思ってな」って。俺は「いいですけど、大したもんじゃないと思いますよ」と言ったけど、「いいよ」って。

それで野村さんがムスタングだったか、コンチネンタルだったかでウチのマンションに来た。あのとき、野村さんは、おでんもおいしそうに食べていたけど、漬物が一番気に入ったみたいだった。5家族の中に、俺より少し年上で、地方から出てきた夫婦がいつも食事会に持ってきてくれるんだ。「監督って意外と庶民的なんですね」と言ったら「俺、ホテルで食うフランス料理より、こういうほうが好きなんだよ」と言っていた。

そう言えば、メシ食ったあと仲間の一人が競馬新聞を読んでいたら「ミチ、俺も買いたいから買ってきてくれるか」って言いだした。たぶん、競馬なんてしたことなかったと思うよ。新聞も見ないで10万円を渡して、「俺の好きな数字なんだ」と5つ挙げ、「それを2万円ずつ買ってくれ」って。

その人が「捨てるようなものもありますよ」と言ってたけど、「いいんだ、当たらんでも」って。当たれば100万円くらいのものもあったな。それで「ミチ、のんでもいいよ（馬券を買わず、お金だけ抜いてしまうこと）」って。「いや、さすがにのめませんよ」と大笑いした。確か1枚も当たらなかったけどね。

みんな天下の野村克也を前に緊張してたから、場を和まそうとしてくれたんだと思う。ちょっと不器用だけど、そういう気配りをする人だった。そのあとも「おい、きょうの献立はなんや」と言って、俺たちの会に2回くらい食べに来たことがある。いつも漬物はおいしそうに食べていたが、納豆だけは絶対に口にしなかったね。

俺は野村さん夫婦と藤山寛美さんの芝居を一緒に見に行ったり、食事に誘われて行ったこともよくある。こういう野村さんを知らない人はたくさんいるんじゃないかな。「気難しかったのでは」「怒られてばかりだったのでは」ってよく言われるが、そんなことないんだけどね。

サッチーさんもそうだよ。のちのちタレントとしてテレビに出ていたときの印象だろうね。怖いとか、悪妻とか、いろいろ言う人はいるが、俺はよくしてもらった。口は悪いけど、優しい人だよ。チームの采配に口を出したとか言われたけど、ピッチャーには怒らんしね。打たれても「次は頑張って監督を胴上げしてよ」くらい。ただ、バッターにはきつかったな。打てなかったら、「もっと練習しなさい！」って怒ってたよ。打撃コーチにまで怒っていたけど、あれも野村さんの影響だろうね。野村さんもピッチャーには怒らなかったからな。

サッチーさんというのは、あとからついたもので、俺は野村さんと同じで「マミー」と呼んでいた。きっかけは野村さんの家に呼ばれ、麻雀をしていたとき。確か、野村さんと漫画家の水島新司先生とサッチーさんがメンバーだった。俺が高そうな酒を見つけ「ママ、これ飲んでいいですか」って言ったら「ミチ、ママじゃないでしょ。マミーでしょ」と怒られたことがあったんだ。そこからずっと「マミー」ね。

野村さんの家で麻雀するときのひそかな楽しみがブランデーだった。自分は飲まないのに贈り物なのか高いブランデーがたくさんあって、「どうせ俺は飲まんから、ミチ、高そうなやつからどんどん飲んでくれ」と野村さんに言われていた。遠慮なく、「はい、喜んで！」さ。

野村さんの麻雀は、下手というか考えるのが長い。しかも、いつものっそりと牌《はい》を出すんだけど、時々、マミーに「あんた、遅い！」と頭をピシャリとはたかれていた。野村さんは「いてえなあ」と言いながら苦笑いしていたよ。

そうそう、当時のヨメさんと一緒に来ていたとき、彼女に「おい、水割りつくってくれる？」って言ったら、マミーが「ミチ、そんなの自分でやりなさい。男の強さはね、女性に優しくすることなのよ。この監督の教えが悪いから、こんな子ができる」と言って、やっぱり野村さんの頭をピシャリとたたいていた。

野村さんは、それでも別に怒ることもなく、困ったような顔をしていた。いつも野村さんは言われっぱなしだったけど、本当に仲のいい、お似合いの夫婦だったと思う。

1977年シーズンの終わりごろ、サッチーさんとの問題があって（当時はまだ前の夫人と離婚が成立しておらず、愛人が球場に出入りし、チームの方針に口出しするのは公私混同と球団から糾弾された）、2位なのに野村さんの監督解任が決まったあと、選手がロッカールームで手のひらを返すように野村さんの文句を言ったり、次の監督は誰？　とか話しているのは、なんか嫌だったな。

俺が野村さんを好きだったからだけじゃない。プロは誰が監督でも自分のやることをやればいいと思っていたからさ。文句なんかいくら言っても給料上がらんしね。

次の年は、広瀬さんが監督だったけど、俺は肩の調子が悪くて3勝（8敗）しかしてない。そのオフにトレードを宣告され、それが南海での最後の年になった。

出されたのは仕方ない。プロの世界はいらないと言われたらそこまでだからね。

南海ホークスは俺の青春時代みたいなもんだった。楽しかったよ。南海というチームもそうだけど、大阪の街が俺に合っていたと思う。困ったのは、うどんだけさ。頼んだら薄くてね。これなんだ？　と思って醤油をかけたら、みんなに「ミチ、何をするんや！」と驚かれたよ。

第3章 ▶

横浜大洋時代

「なんとなく、俺の肩は壊れないと思っていたから、
本当に壊れたときは、
不安というよりは、びっくりしたよ」

1979年、別当薫監督時代の横浜大洋ホエールズ（現・DeNA）に移籍。
1年目はリリーフとして43試合に登板したが、
途中から肩を痛め、翌80年は12試合の登板に終わる。
最後は通算500試合登板を花道に現役を引退した。

大洋の超管理野球で日本酒を禁止された！

球団からは「ミチは南海に功績があったから、行き先を選んでもいいよ。今、大洋と巨人から声が掛かっているけど、どっちがいい？」と言われた。運命の分かれ道だね。

そのとき俺の頭に浮かんだのはオヤジの顔だった。入団のときも思ったことだけど、超巨人ファンだから巨人を選んだら喜ぶだろう。でも、俺が巨人に入って、もし打ちこまれたら、「息子が申し訳ない！」になって、ぶっ倒れちゃうんじゃないかと思ったんだ。

大洋を選んだ理由はほかにもある。そのときはもう横浜に移転していたけど、その前は川崎球場が本拠地で、当時の川崎の街のイメージもあって、自由で豪快な印象があったんだ。対して巨人はマジメでお堅いでしょ。俺には合わんかなと思って、「じゃあ、大洋に行きたいです」と答えたんだ。

1979年が1年目だったけど、春季キャンプに入ってびっくりさ。自由で豪快なんてとんでもない。大洋は別当薫さんが監督で、超管理野球だったんだ。

野村克也さんは夕食のとき何を飲もうが何も言わなかったが、大洋ではまずマネジャーから「佐藤君、南海では自由だったかもしれないけど、別当さんは酒飲みが嫌いだから、キャンプの夕食も一人ビール1本と決まってます」と言われた。俺の酒飲みのウワサが大洋まで伝わっていたのかな。

すかさず「じゃあ、日本酒はいいの？」と聞いたら、「もちろんダメです」と、あきれ顔で即答されちゃったよ。少しあとだけど、廣岡達朗さんが監督になった西武のキャンプ（1982年）は完全禁酒だから、比べたらかわいいもんだが、俺は門限なんてあってないような野村南海で育った人間だからびっくりした。

ビールなんてメシを食いながら飲んだらすぐお腹がふくれちゃう。俺は南海時代、いつも最初の1杯だけビールで、すぐ「日本酒ください」って言っていたからね。

何日か我慢してたけど、「ビールはお腹がいっぱいになっちゃうんで、日本酒がダメならワインはどうでしょうか。監督に聞いてください」ってマネジャーに言ったんだ。それで「1本ならいい」と許してもらった。はっきり言えば、ワインはほとんど飲んだことなかったが、旅館の人に聞いたら「赤と白とロゼがある」と言われ、「じゃあロゼ」。響き的においしそうだなと思ってさ。

でも、あるとき食堂から部屋の階に上がるエレベーターを待っていたら、後ろから「ミチ、1本って言っただろ」って別当さん。見ていたんだよ、俺がこっそり2本飲んだのを。

別当さんは、現役時代は大打者で、近鉄の監督時代には土井正博さんを抜てきし、四番打者に育て上げた人でもある。俺たちが若いころは、「別当薫さんは、隠れた素材を発掘し、一流にする。西本幸雄さん（大毎、阪急、近鉄監督）は二流を一流にする」と言われていた。バッターの育成がうまい人だったんだ。それは大洋でも感じた。

ただ、試合の采配は、すごくスマートと言うのかな。要は、野村南海とまったく違う、すごくきれいな野球で、巨人じゃないけど「紳士たれ」という雰囲気があった。

南海は「野球は戦い。グラウンドは戦場」が根底にあって、相手の隙を見つけ、それを徹底的に突く。野村さんも「グラウンドで結果を出してくれたらいい。あとは、おまわりさんに迷惑掛けなきゃそれでいい」って言っていたからね。

心理戦もあった。例えば、9回に点差が開いて負けてたときに「相手がヒットを打ったらナイスバッティングと言ってやれ」と言われていた。勝ちが決まっているのに打率を上げるためのせこいヒット狙いだな、という誉め殺し。要は嫌がらせだね。

大洋でも同じような場面で、一塁に出た相手の選手に「ナイスバッティング！」って言ったら、別当さんが横に来て「どっちを応援してるんだ！」って怒られた。いや、そうじゃないんですと説明したんだが、「そんなの必要ない」って。「はあ、すみません」としか言えなかった。

あの年の大洋は2位にはなったけど、俺は野村さんの野球をかじっちゃったから大洋の野球は大味で物足りなかった。ミーティングを聞いていても、「こんなことプロで言っているんだ」って思っちゃったんだよね。これはエモ（江本孟紀）も言ってたな。阪神に行ったら、なんで今さらみたいなことがたくさんあったって。

野村さんも苦労したみたいだね。南海を出てロッテに行ったけど（1978年）、1年で今度は埼玉に移転したばかりの西武に移った。詳しいことは知らないが、ロッテでは監督の金田正一さんとの関係が悪くなったらしい。野村さんは南海の監督を解任になったあと、「生涯一捕手」と言ってロッテの金田さんに拾ってもらった。そのときはお互いいい関係だったけど、春季キャンプから、すでにおかしくなっていたと聞いた。

きっかけは、ロッテの担当記者たちが、カネやんじゃなく、野村さんのところばっかり行っていたからだって。そりゃそうだよ。あの人の野球の話は面白いし、深いから。それでカネやんが「ワシが監督や！」って怒ってしまったらしいね。

大洋では松原誠さんと山下大輔とよく飲みに行った。最初は大輔から「松原さんが、ミチさんとメシに行きたいと言ってます」と言われて行ったんじゃなかったかな。

広島で食事したあと、松原さんのなじみのスナックに連れて行ってもらったこともあった。カラオケが流行り出したころで、その店にもあったから「松原さん、歌わないんですか」って言ったら、「俺はダメなんだよ、田舎者だし、音痴でさ」と。「歌いましょうよ。ほかにお客さんいないし」と言ったら、「じゃあ、ミチと大輔で手伝ってくれよ」になったんだ。知ってるかな、『僕は泣いちっち』という歌。松原さんが俺と大輔に「後ろでチッチチチッチと歌ってくれ。しないと歌わない」と言うから、大輔と一緒に、ずっと「チッチチッチ」ってやってたよ。

二軍登板で、落合から特大弾を浴びた

大洋の1年目は、最初はよかったんだ。5試合くらい無失点じゃなかったかな。でも、肩がおかしくなっちゃった。だましだましやってたけど、パッとしなかったな。

巨人戦で投手の新浦壽夫にスライダーをライトにホームランされたこともあった。ずっとあと、引退してからだけど、マスターズ・リーグ（かつてあったOB選手のリーグ戦）

で、俺が札幌のピッチングコーチになったとき、歓迎会みたいに投手陣の飲み会があった。そこに新浦がいて「俺はミチさんからホームランを打ったんだ」って威張っていたが、あのときの俺から打っても自慢にならんだろうって。

別当さんは1年だけで、次は土井淳さんが監督となって、その年、大洋は初めてアリゾナでキャンプをした。当時は海外キャンプが流行っていてね。ただ、アリゾナはむちゃくちゃ暑くて、昔、テレビのCMであったけど、車のフロントに卵を割って落としたら、間違いなく、目玉焼きができたと思う。

あれだけ暑いとアップも長い時間できないし、高い金払って、どれくらい効果があったのかは疑問だった。あとで聞いたら、日本でやるよりホテル代が安かったから、キャンプ全体としては結構、安くできたらしいけどね。

肩は相変わらず痛かった。俺は南海時代、いくら投げても肩は壊れなかったし、肩がちょっとおかしいなと思ったときは、我慢して投げ込みをしたら、いつの間にか治った。だから、このときもシーズンまでに治さなきゃと思って、アリゾナで思いっきり投げ込みをやったんだけど、それで完全に壊れちゃった。痛いし、肩が上がらない。

不安というよりは、びっくりしたよ。「ああ、俺の肩も壊れるんだ」って。なんとなく、

「俺の肩は絶対に壊れない」と思っていたからね。

それまで、俺はいくら投げても肩は平気だったし、オフの間、まったく投げなくても、自主トレ初日にいきなりピュッと投げることができた。エモあたりは、最初はひょろひょろで、キャンプに入ってしばらくして、やっと普通に投げられるようになったからね。でも、エモにはよくからかわれたんだ。「ミチは最初はすごいけど、そのままずっと同じやな」って。余計なお世話だよ。

このときは水割りのグラスを持っていても、正面を向いているときはいいんだが、誰かに話し掛けられて別の方向に首をひねると、肩がズキンと痛くなって、グラスも持てなくなった。

もう肩はボロボロだったけど、最後の1980年は一、二軍を行ったり来たりしながらなんとか投げていた。イースタンで投げているとき(5月14日)、保土ケ谷球場のロッテ戦で、落合博満に特大のホームランを打たれたこともあった。あの球場はフェンスの向こうに土手があって、さらに不動産屋の看板があったんだけど、その上を越えていったからね。若いやつに「あれ、誰や?」と聞いたら「落合です」「だから落合って誰や?」さ。

あいつはまだ入団2年目だったらしい。「なんであんなやつが二軍におるんや」と言ったのは覚えている。とても二軍にくすぶっている選手とは思えない、いいバッティングをしていたからね。落合が自分の本で、「プロの一流投手から打ったあの一打は印象深い」と書いてくれたらしいが、あれだけの大打者にそう言われたら、こっちもうれしいよな。

このときの落合は3ランだったけど、あの年、一軍で、もう1本3ランを打たれた。後楽園の巨人戦ね（9月6日）。1対8からの敗戦処理の登板で、王貞治さんにスライダーを3ランされたんだ。結果的には、俺が打たれた最後のホームランになった。王さんも現役最後の年だったし、今思えば、いい記念になったよ。

そのときは、まだ引退と決めていたわけじゃないが、その試合のあとくらいから肩の痛みがどうしようもなくなっていた。その時点で通算499試合だったんで、球団からは、「500試合で花道はどうか」と言われたけど、最初は断った。投げると痛いどころじゃなく、痛くて投げられない状態だったからね。

どうしてもと言ってくれたから、最後、ヤクルト戦で登板させてもらうことになった（10月23日、横浜）。7回に先頭1人だけと言われて、芦沢優という選手が打席に入った。でも、1球投げるたびに涙が出るくらい肩が痛いのに打ってくれないんだよ。3ボールになって、そこからも「早く打ってくれ」と祈りながら投げているのに、打ってくれずフルカウント。次の球だったかな、「よし、やっと打った」と思ったらファウルさ。最後はレフトにファウルフライだったが、「デッドボールにしちゃえば終わるかな」とか悪いことも考えちゃったよ。

引退で後悔？　いや、それはなかったな。よくやったと思ったよ。だってさ、目いっぱい投げても１４０キロちょっとしか出ない俺がプロでこれだけやれたんだからね。

あぶさんのカラオケ『マイウェイ』に泣きそうになる

引退で思い出すのが、亡くなられた漫画家の水島新司先生だ。俺はなんでか知らんけど、かわいがってもらった。

最初は、確かエモもいたから１９７２年か１９７３年あたりかな。当時の南海は１月15日から中百舌鳥で全員の自主トレが始まるんだけど、俺は少し前からキャッチボールを始めていた。近所に昔、広島カープにいた人がいて、「キャッチボールを手伝ってくれますか」と頼んでね。

外野のセンターあたりでやってたら、メガネを掛けてヒゲ面の人と背の高い人が近寄ってきた。「誰だ、こいつら」って思った。顔も知らんし、新聞記者もファウルエリアからこっちには入ってこないしね。それでヒゲの人が「握手してくれますか」と言ってきたけど、「今は練習中なんで」と断って外に出てもらったんだ。練習が終わって、ファウルグラウンドで話をしたら、ヒゲの人が「漫画家の水島と言います」とあいさつしてきて名刺をもらった。

それが水島先生との出会いだね。当時は、もう有名な漫画家さんだったらしいが、あんまり漫画は読まなかったから、名前を聞いても分からなかった。「どんな漫画を描くんですか」って聞いたら「『巨人の星』（当時の人気スポ根漫画）の南海版を描きたい」。それで「佐藤さんは鼻が特徴的だから出てもらいます」って。俺は「ああ、そうですか」くらいの返事をしたんじゃなかったかな。

それが『あぶさん』だよ。すぐ人気漫画になって、おかげで俺たち南海の連中の名前が全国区になった。大阪以外に行っても「南海の佐藤ミチ」と言えば知ってる人が増えた。ただ、悲しいかな、知ってもらったのは名前と漫画の顔だけで、本人の顔とは一致しないんだけどね。実物がちょっと二枚目過ぎたかな。

ロッテと仙台で試合をしたあと、門田博光と飲みに行ったとき、こんなことがあった。

バーに飛び込みで入ったんだけど、カウンターだけの店で、ママさん1人と奥に2人連れの客がいた。

その店に巨人の背番号50番台、60番台、70番台のサインが何枚も飾ってある。要は二軍の選手だね。巨人のファームは東北遠征を結構やってたから、そのとき遊びに来て書いたんだろう。俺が「よく巨人の選手が来るんですか」と聞いたら「○○選手と○○選手がこの間いらっしゃった」とうれしそうに言っていたが、どれも知らない名前だった。

だから「へえ、知らないな」と言ったら「知らないんですか！」って、びっくりした顔をされちゃった。それ以前に「俺たちを知らないの！」だよ。門田が「南海の三番打者とリリーフエースだぜ。気づかんかな」ってこぼしていた。

しばらくして、お客さんの一人が「『あぶさん』読んでるか。あそこに出てくる、佐藤ミチというのが、お酒をびっくりするくらい飲むらしいよ」って言ったんだ。しかも「日大時代にボコボコに殴られて鼓膜を破られて、飲まないと上級生に殴られるから大酒飲みになったらしいぜ」って、ほんととウソが混ざったような話をしだした。門田がこっちを見てニヤニヤ笑って何度もヒザをぶつけてきたが、「それ、俺です」とも言えないよな。

遠征で東京に行くと、先生がホテルで待っていて、「みっちゃん、飲みに行こうよ」って誘われることがよくあった。いつも門田と片平晋作、桜井輝秀を一緒に連れて行ったが、先生は金持ちだから、俺たちは甘えてブランデーばっかり頼んでた。でもね、実は先生は酒を飲めなかったんだ。店に見たことないくらいでかい入れもんに入った（粉コーヒーの）ネスカフェがキープしてあって、そればっかり飲んでた。

選手をやめて評論家になってからも付き合いがあった。先生が東京の野村さんの家で麻雀をやるとき、人数が足りないからと呼ばれたりね。先生の草野球の試合を見に行ったこともあったな。先生はピッチャーをやっていて「これから3連投だ！」と言ってた。元気な人だったね。

あぶさんの話に戻るけど、一時期、俺は準主人公みたいにいつも出ていたんだ。あぶさんの1個下の後輩になっていたから「ミチ」って言って、あぶさんがかわいがってくれた。ただ、俺の出番は飲んでるシーンばっかり。オヤジとおふくろも読んでたみたいで、おふくろから電話があって「先生に言って、もっといい店で飲んでるところを描いてもらいなさい」と言われたこともある。屋台とか赤ちょうちんで飲んでるシーンが圧倒的に多かったからね。先生には「みっちゃんは、こういう店のほうが似合っている」って言われちゃったけど。

今も店に一冊だけ『あぶさん』の単行本を置いている。その中に『指定席』という回があるんだ。大洋に行って引退し、評論家になったころの話さ。あぶさんが、当時のヨメと一緒にやっていた飲み屋に来てくれて、俺のためにカラオケで『マイウェイ』を歌ってくれるんだ。あぶさんは、店の隅に使い込んだ鉄アレイが隠すように置いてあるのを見つけ、俺がまだ、現役続行をあきらめていないことが分かったという話だった。

最後のページで「ミチ、お前の指定席のマウンドで待ってるぞ」という言葉が無人のマウンドの絵の上に書いてある。あれは、あぶさんの言葉だけど、先生の言葉でもある。本当は肩が痛くて、復帰なんてとても考えられなかったけど、読んで涙が出そうになった。

第4章 ▶

ロッテコーチ時代

「稲尾さんはダメだったときも『ミチ、ダメだったけど、俺もそれがいいと思っていたよ』と言ってくれる人だった。あんな監督いないよ」

現役引退後、1981年から野球評論家に。1984年にはロッテ監督となった西鉄ライオンズの伝説の大エース、稲尾和久に直々に誘われ、ロッテのコーチに就任した。

神様、仏様の稲尾さんから突然の電話

現役をやめたあと、大洋の二軍監督だった須藤豊さんに、「ミチ、二軍で若いやつを教えてくれないか」と言われたけど、「すみません。一度、ネット裏で野球を見たいんですよ」と断った。

あてがあったわけじゃないけど、ありがたいことに報知新聞とテレビ東京、あとは週刊プレイボーイから話をもらった。

テレビは、すぐ誘ってくれたのがテレビ東京だったけど、ちょっと遅れてテレビ朝日からも話が来た。はっきり言えば、テレ朝のほうがギャラは高かったが、最初に誘ってくれたテレ東にしたんだ。テレ東の人もそれを知っていて、「なんでうちだったの」と言うから「俺は通算88勝なんで、12チャンネル（当時）のテレ東さんを足したら100勝になるんですよ」ってね。その人、大喜びしてくれて、それからかわいがってもらった。

前も話したが、プレイボーイの仕事でグアムの巨人キャンプに行かせてもらったこともあった。あれは王貞治さんが助監督のときで1983年かな。プレイボーイだからとは言わないけど、事前の取材申請も何もない。「ミチさん、グアムの巨人キャンプに行ってもらえますか」と編集長に言われ、「よし、任せといて」くらいなもんさ。

巨人が練習をしているグラウンドに行き、ネット裏から王さんに「飛び込みで来たんですけど、あとで話を聞かせてもらえませんかね」って声を掛けたら「うん、分かった。練習が終わったら宿舎のホテルのプールサイドに来てくれ」って言ってくれた。

一緒に行ったカメラマンには「さすがミチさん」って褒められたよ。その人は女の子の裸を撮らせたら天下一品らしいが、野球に関しては素人みたいなもんだし、世界の王さんが、気さくに俺と話しているのにびっくりしたみたいだね。

本当は、俺がどうこうじゃなく、王さんがすごいんだ。あれだけのスーパースターなのに、気取ったところがなく、すっと懐に入らせてくれる。あとの話だけど、うちの店にもふらっと来てくれたこともあったしね。

稲尾和久さんから電話があったのは1983年の秋だった。それまではあいさつする程度だったから思わず聞いちゃったよ、「どちらの稲尾さんですか」って。そこで「俺だ、稲尾だ!」って怒られてから「ロッテの監督になったからピッチングコーチをしてくれんか」と言われた。

びっくりしたけど、うれしかったよ。西鉄でシーズン42勝の神様、仏様から声が掛かったんだからね。もう緊張しちゃって契約の条件も聞けない。「一軍ですか、二軍ですか」と聞くのが精いっぱいだった。「俺が言うんだから二軍のわけないだろ」と笑って「球団じゃないぞ、俺が呼んだんだぞ」と言ってくれた。

コーチになってからだけど、「なんで俺だったんですか」って聞いたら、テレビの解説を聞いて興味を持ってくれたらしいね。

テレビ東京の番組で夜の10時半から「日本一早い」が売り文句のプロ野球ニュースをやっていたんだ。司会は鈴木文彌さんで、病気になられたあとは女子プロレスを担当していた志生野温夫さんになった。稲尾さんは「お前は俺の知らないことをよく話していた。リリーフ投手がゲーム前に何を食べるかの話で、すぐ動くから、どんぶり物なんて食べられないとかね。俺は好き勝手に食べてたから、へえと思ってな」って。

やるからには最初が肝心と思って、稲尾さんに「バッテリーだけで、暖かいとこで自主トレをさせてもらえませんか」と頼んで、キャンプの前に沖縄で合同自主トレをやらせてもらった。球団からは、ちょうど沖縄で初めて『ロッテリア』ができるということで、その宣伝に協力してくれるならとお金を出してもらってね。みんなでユニフォームを着て、店でサイン会をやったのを覚えているよ。

キャンプの前に選手の性格を把握しておきたかったのもあるし、最初に伝えておきたかったこともあったんだ。

「暗くなるな。明るくいこうぜ」とね。

前の年は評論家としてチームを見ていたけど、最下位だったこともあって、すごく暗かった。それじゃ野球やっていても面白くないだろうし、強くもならない。

練習のときだけじゃなく、いろいろやったよ。飲みに行ったり、麻雀しながら話すのもそうだけど、帰りのバスで度胸付けでカラオケをやらせたりね。酒も飲まずに歌うのは、ちょっと恥ずかしかったかもしれんが、みんな楽しそうにやっていたよ。

性格テストみたいなこともやった。例えば、内角の厳しいコースに投げてバッターにぶつけた場合、悪いと思って次はぶつけないように気をつけようと思うか、あのくらいの球をよけなかったバッターが悪いと思うかってね。マジメなやつが多かったんで、「ぶつけないようにしようと思う」という答えが多かったが、俺は「それは違うよ」と言った。

平気な顔してぶつけろという意味じゃないよ。でも、ぎりぎりの厳しいインコースに投げられるかどうかはピッチャーにとって大事なことだからね。1回当てたくらいでびびっていたら結果は出せない。だから、「お前らがインコースに投げないと、相手の女房がミンクの毛皮のコートを着ることになるぞ。自分の女房はビニールのコートでな」と言った。例えは分かりやすくがモットーだったからね。今となれば「ミンクのコートって何?」って聞かれそうだけどな。

そのあとのキャンプでは、ずっとやってみたいと思っていたことをいろいろ試してみた。マウンドの高さを一つひとつ変えたりね。ピッチャーは、よくあの球場のマウンドは高くて嫌だとか、低くて投げにくいと言うでしょ。だからパ・リーグの本拠地6球場のマウンドと同じものを作って「今のうちに慣れとけ」とやらせたんだ。

ついでに試したのは、逆マウンド。傾斜が逆で、ステップした足を着くところが高くなっているものね。体が突っ込んでいくピッチャーが多かったんで、それを矯正するためにやってみた。稲尾さんも褒めてくれたし、結構、うまくいったと思うよ。

ちょっと悩んだのは左投手をどう教えるかだった。自分が右投げだったし、現役時代も周りにそんなに左投手がいなかったから、どう教えていいか分からなかったんだ。なんとかいいアドバイスができないかなと、ない知恵を絞って、これだと思ったことがある。

ブルペンで手鏡を持ってピッチャーのフォームを映すんだよ。みんな何してるんだって不思議そうな顔をしてた。稲尾さんにも「ミチ、何やっとるんや」と言われたから「左投手を右にしてるんですよ」と言ったら「おお、そうか、そうやな」って一緒に見ていた。そうすると右投げの俺でも、「あ、ここがポイントかな」と思うものが見えてくる。面白いもので、バランスよさそうに見えるのに、逆にすると悪いピッチャーと、逆によくなるピッチャーもいるんだよね。コーチになったことで、あらためて野球の勉強ができた。

ウイスキー2本分を一気飲みした稲尾さん

キャンプ地は鹿児島の鴨池だった。ロッテは前年最下位で、チーム防御率(5・12)もぶっちぎりの最下位。まあ、やりがいがあると言えばあるよね。ただ、1年でどうこうなるわけじゃない。稲尾さんも「3年で優勝できる投手陣にしてくれ」と言っていた。

稲尾さんは野村克也さんと違って長いミーティングはしなかったし、コーチミーティングも堅苦しいものじゃなかった。覚えているのは「ナイター練習はどうしましょう」と言ったら「そんなことしなくていい。俺はグラウンドで10の力を10出してくれたらいいよ」

って言われたことだ。メリハリだよね。野球は野球、遊びは遊びという人だった。さすが西鉄野武士軍団のエースさ。

　稲尾さんとは酒好きが共通点だけど、キャンプでは、そんなに飲みに行ってない。稲尾さんは「マスコミとの付き合いも仕事だから」と記者連中と毎晩飲みに行っていたからね。俺は天文館の『満月』という店によく行っていた。最初は若いやつと行って、少し寒かったから「マスター、お酒ちょうだい。あったかいの」って言ったら、芋焼酎のお湯割りが出てきてびっくりした。「日本酒じゃないのか」って言ったら「鹿児島に来て酒と言ったらこれになります。日本酒なら日本酒と言ってくれないと」って。話していたら、その人は駒澤大で野球をやっていて、俺と年が一緒だった。不思議な縁だよね。料理もうまかったし、それからは、自分で行くときは、その店にしか行かなかった。

　差し入れがあったりすると、稲尾さんと監督室で飲むこともあった。宿舎は球場から歩いて15分くらいだったんだけど、その日は「ミチ、きょうはいい馬刺しの差し入れがあったから、ほかのコーチを連れて早くあがってこい」と稲尾さんに言われていた。

　でも、そうは言っても、帰り道は新聞記者の質問を受けながらだから、駆け足で帰るわけにもいかないよね。しかも、稲尾さんがとっとと帰っちゃったから、いつもより人数が多い。途中でマネジャーが「監督が待ってますよ！」と催促しに来たが、「仕事なんだから待ってと言ってよ。マスコミの相手も仕事と言ったのは監督じゃないか」ってね。

ユニフォームのまま監督室に行ったら、稲尾さんの第一声が「遅い！」だった。馬刺しを3皿くらい準備してくれて、せっかちにもビールは栓が抜いてあった。稲尾さんは「東京にいたら馬刺しなんて食うことないだろ。トロよりうまいぞ」って。実際、一口食べたら口の中で溶けるみたいでうまかった。思わず「うまい！」と言ったら、ニコッと笑って「そうだろ、じゃなきゃ早くあがれなんて言わないぞ」って、あの細い目をさらに細めていた。

俺は稲尾さんより酒が強い人は見たことがない。俺も飲めたけど、あの人は別格だ。覚えているのは、千葉でやった納会。土、日とゴルフで、土曜の夜は大広間で無礼講の大宴会というやつね。池田重喜さんというトレーニングコーチが「ロッテ式でいいですか」って言うから「よく分からんけど、好きにやってください」と言ったら、アイスペールに氷を入れ、ウイスキーのサントリーオールド2本分を注いで少し水を足したのを回していった。みんなが少しずつ飲んでね。そしたら最後の稲尾さんのところに行くまでに空になっちゃった。

稲尾さんが「池、もう1回つくれ」と言って、同じようにオールドを2本どぼどぼ入れたのを渡したら、稲尾さんがそれを持って大広間の舞台に上がって飲もうとしたんだが、氷も入っているし、重くて持ち上がらなかった。俺も末席から「何が神様、仏様や！」ってヤジってたけどね。そしたら「重いから横になるわ」と言って横になって「池、手伝ってくれ」と寝転がったまま池田さんと一緒に持ったアイスペールを一気に飲んじゃった。

俺は日大で殴られながら「一升瓶を一気飲みしろ」と言われて飲んだことがある。経験上、立っていたら結構、飲めるが、横になったらなかなか入らないんだ。最初はみんなではやし立ててたけど、最後はシーンとなっちゃった。少しこぼしたし、時間もかかったが、結局、全部飲み干してから立ち上がって、「おい、これでいいか」ってニッコリ。

これは42勝するわって思ったよ。

落合よりチョコをもらったバレンタインデー？

コーチとしてはロッテが初めてだったけど、いろいろな選手と接して、「あれ？　言っても分からねえやつがいるんだな」と思った。日大三高、日大は野球学校だったし、南海では野村さんが監督だからね。とことん野球を突き詰めながらやっていた俺からすると、「こいつらは感覚だけでやってきたんだな」と思う選手が結構いた。

ただ、そういう選手も、こっちが見本を見せてやると伝わるんだ。例えば「クイックはこうやってやりなさい」と言葉だけで言っても分からんやつもいる。そのとき「なんでできないんだ」と怒っても仕方ない。「こうやるんだよ」って見せてやるんだ。こっちも現役時代みたいにピシャッとは投げられないけど、動きの肝だけ見せてやると「ミチさん、うまいですね」「こんなの要領だよ」って話がつながっていく。

まさに「やってみせ、言って聞かせて、させてみて、褒めてやらねば人は動かじ」だね。山本五十六（太平洋戦争時の元帥海軍大将）の言葉さ。

自分でやってみせて、さらに言葉で説明したうえで、相手にやらせ、いいとこを探して褒めてやる、ということでしょ。面倒と言えば面倒だけど、それを根気よく続けるしかないとコーチになって分かった。でもさ、昔の軍隊なんて怒鳴りまくって、それでもできないやつは殴りつけりゃいいのに、やっぱり偉くなる人は違うね。

ロッテには大洋時代に一発を浴びた落合博満もいた。あいつの6年目かな。まだ30歳になったばかりだったけど、前の年まで3年連続首位打者で、1982年は三冠王にもなっていた。確か、その年のオフに信子さんと結婚したと思うが、そのときはまだ独身。甘いマスクだったからモテてたよ。

キャンプ中の2月14日はバレンタインデーだけど、ロッテは親会社がお菓子メーカーということもあって、選手にチョコを贈るキャンペーンをしていたみたいだね。チームが人気ないわりにチョコがたくさん届いた。もちろん、それは選手だけで、俺は確か娘と知り合いから28個だった。

でさ、落合に「お前、いくつチョコもらったの？」と聞いたら「4つぐらいかな」って言うから、「天下の落合が大したことないな、俺だって28個だぜ」とからかったんだ。何か不思議そうな顔をして、そのときは何も言わなかったが、あとで実際には100個くらい入った箱が4つだって聞いた。当時のロッテは、選手に箱でまとめて渡していたんだ。「それを早く言わんか！」だよね。あれは恥ずかしかったな。

当時は、リーや有藤通世（当時は道世）さんがいたんで、落合が野手のボスというわけじゃない。四番も打っていたけど、完全に定着してたわけじゃなかった。2人はもういい年になっていたから、稲尾さんは落合を四番にしっかり定着させようと思っていたんだけど、あの年の落合は前半まったく打てなくてね。ほかのコーチは「落合を六番にしましょう。このままじゃチームが最下位になってしまいます」と言っていた。それでも稲尾さんは「大丈夫。そのうち打つから」と変わらず四番で使い続けたら、ほんとに打ち始めた。神様の眼力ってすごいね。

これも、落合が自分の本で書いてくれているが、ロッテ時代、俺はかなり落合と野球の話をした。あいつはキャンプでマッサージをしっかりする男で、いつも一番最後までやっていたんだけど、宿舎のトレーナールームは、俺が上の階のラウンジに行く通り道にある。そのたび「ミチさん、あとで俺も飲みに行くよ」と声を掛けてきて、飲みながらいろいろ話した。これでもかとばかり野球の話ばっかりね。

あいつは俺と話すことで投手心理を勉強したと言っているけど、俺も落合と話しながら打者心理を勉強した。落合の質問は、例えば、「ピッチャーって、アウトコースにパンパンって2球決まって追い込んだあと、なんでインコースに投げるの」。ピッチャーにしたらバッターの目先を変えてというのがあるが、あいつからすると「そのままアウトコースのほうが打てねえよ」ということだった。「2ストライクから1球外したり、あんなのバッターにボールをあげるようなもんだよ」ともよく言っていた。俺が「1球目、スローカーブが来たらどうする」って聞いたときは、「もったいなくて打てない。打ち損じたとき、悔いが残るからね」ってね。へえと思うことがいろいろあった。

当時の落合は、シーズン前に「三冠王宣言」をしていた。生意気とか言われたけど、俺は好きだった。男は不言実行って言う人もいるかもしれないが、俺は「打率は意識しません」と言いながら、実際に3割打ってから「3割打つつもりでした」「目標を達成できました」って言うのは、結果論みたいで好きじゃなかったんだ。

言葉に出せば自分への重圧になる。実現しなきゃ恥ずかしいし、いろいろ言われるしね。けど、ファンが喜んでくれるでしょ。「落合が三冠王を狙うと言ってるけど、どうなるのかな」って。そういう中で戦い、実現させるのが、プロのすごみだと思っている。

そいつが口だけなら別だよ。「またバカなこと言ってるな」で終わる。でも、本気かどうかは仲間だから見てりゃ分かる。グラウンドでだらだらしてるように見えても、マスコミの見てないところでバットを振ってるのが、落合だったからね。

マジメ過ぎてノーノーができなかった仁科

コーチ1年目の1984年は、首位の阪急には大差をつけられたが、前の年の最下位から一気に2位になった。

チーム防御率もかなり改善したと思うよ。確か4点台前半（5・12↓4・22）かな。4点台なんて大したことないと思うかもしれんが、ロッテの本拠地は狭くて有名な川崎球場だし、ほかもパ・リーグの球場は狭かったからね。どうしたって打高投低になる。

しかも、あの年はエースの村田兆治がいなかったんだ。右ヒジの手術を受けてリハビリ中でね。先発でそこそこ実績があるのは、仁科時成と深沢恵雄、左腕の水谷則博くらいだけど、安定感がない。要はコマが足りなかった。

でもね、そこは投手コーチの腕、いや、そこまで偉そうには言わないが、なんとかやり繰りした。それにね、いなきゃいないで誰か出てくるんだ。チャンスも回ってくるし、自分がやらなきゃと思うからなんだろうね。

この年も深沢と、俺の日大の後輩・石川賢が15勝してくれた。2人は負けも1ケタで勝率もよかった（石川4敗、深沢8敗）。あとは仁科が13勝かな。130試合だし、3人で43勝の先発がいたら、一応、計算できるよね。しかも、打線はよく打ったからな（チーム打率は・275でリーグ最高）。

仁科は、もうベテランだったが、アンダースローのいいピッチャーだった。9回二死までノーヒットノーランなのに、最後打たれたアンラッキーが2回もあった男で、俺は2回目のときはブルペンで見ていた（1984年5月29日、日生での近鉄戦）。達成したと思って、「大記録だから、なんかご祝儀やらんといかんな」とか言いながらね。

最後は少し投げづらそうに見えたけど、まともに行って平野光泰にヒットを打たれた。マジメなんだよね。俺だったら、やだなと思ったら歩かせて次のバッターで勝負するよ。仁科は、大量リードしているのに、コースを狙って慎重なピッチングをし、結局、四球で走者をためて逆転されたこともあった。ああいうときは、「どうぞ、打ってください」とど真ん中に投げても、そうそう打たれないものなんだけどね。

これは弱いチームの特徴だけど、ロッテは四球が多かった（1983年はリーグワーストの634与四死球）。プロだからストライクを投げる制球力がないわけじゃないよ。要は打たれたくないが先に出て、逃げているということなんだ。ピンチでは外だけとかね。確かに外角のコースぎりぎりの球は手を出してくれたら凡打の可能性が高いけど、しっかり腕を振って投げなきゃ球威が落ちるし、ボールになることもある。仁科じゃないが、あげく四球を出したり、カウントを悪くしてストライクを取りに行った甘い球を長打されたりが多かった。

俺がいつも言ってたのは、「連打されても向かって行ったならかばうが、逃げた四球があったらかばわんぞ」だった。ヒットより四球がよくないのは、まず味方の野手がしらけるでしょ。みんな打球をしっかり処理して失点しないようにと守っているんだからさ。

あと、相手が思い切った作戦に出やすいこともある。俺も中日の二軍監督をしたときに思ったが、四球やエラーの走者には、大胆な策を仕掛けやすいんだ。クリーンヒットだと、盗塁のサインを出してアウトになったら悪いなとか、どうしても頭をよぎってしまうけど、拾った出塁の走者なら、どう使っても勝手でしょ。

稲尾さんと四球をどう減らそうかと相談していたら、「四球は罰金にしよう」と言いだした。俺は罰金嫌いだから、最初は反対したんだが、大した金額じゃないから、まあ、いいかって。一つは１０００円、２つ続けたら３０００円だった。梅沢義勝から「３つ続けたらどうなるんですか」と聞かれたから、「３つは二軍な」と答えたら青くなっていたよ。あいつはリリーフだから、３つ連続はいかんだろ。

キャッチャーには「『とりあえずビール』じゃないけど、とりあえず初球は真っすぐ、という考えはやめろ。イニングの先頭打者に四球は絶対に出すな。いつも1アウト満塁だと考えろ」と言った。満塁なら四球で押し出しだから1球目から集中していかなきゃね。先頭打者を取ると投手もチームも落ち着くし、逆に出すと大量点もある。強いチームならそこまで細かく言わんが、ロッテは最下位だったからね。

やっぱりピッチャーは攻めなきゃいけない。別に150キロの真っすぐがなくても、向かっていくピッチャーはバッターも絶対怖い。前も言ったが、攻めるというのは速い球を投げたり、インコースに投げることだけじゃない。常にストライクを先行させて「カウントで攻める」もあるし、「テンポで攻める」もある。その選手に合った攻めでいいんだ。いい投手ほどバッターを見下ろして投げるものだしね。

ピッチングは駆け引きだから、はったりだって大事。天下の大投手に申し訳ないが、江夏豊を例に出して、「ブルペンでいくら調子悪くてもマウンドでは平気な顔をしろ。江夏はブルペンで調子が悪くても、いつも腹、いや胸を張ってたぞ」と言ったこともある。相手は、こっちがブルペンで調子が悪いなんて分からないんだからね。選手にブルペンから胸を張って歩く練習をさせたこともあった。下を向いていると、「やり直し!」って。審判にも元気よくあいさつさせた。そのうち「今年のロッテの投手陣は攻めてるな。元気いいね」って審判だけじゃなく、相手チームからも言われるようになったよ。

一番気を使ったのはリリーフの使い方だ。現役時代の俺は体が丈夫だったし、メンタル的にも、ちょっといい加減になれるところがあったけど、ロッテは経験不足に加え、マジメなやつが多かったからね。はっきりと指示をしないと、ブルペンで投げ過ぎたり、出番が来ても準備が十分じゃないときがある。そうならないためには、やっぱり、最初から、しっかり出番を決めてやるのが大事になるよね。

だから、リリーフ要員は1回から3回はこの投手たち、4回から6回はこの投手たち、7回以降はこの投手たちと決めて、選手に伝え、紙に書いて稲尾さんにも渡していた。決めておけば、選手は心も体も準備しやすいでしょ。

格差はあったよ。最初に準備させていた連中には、試合がボロボロになったら3回までに出番がなくても後半に行くかもしれん、とは言っていた。大差の負けや大差の勝ちゲームね。それも登竜門なんだ。そこで結果を出せば、次は競った終盤のいい場面や先発、要はお金を稼げる場面で使ってもらえるわけだしね。

いろいろやったけど、すべてがすぐうまくいったわけじゃない。シーズン中に稲尾さんに「ミチ、お前の投手陣は1イニング2点で抑えられないのか」と嫌味を言われたときもあった。そのとき「1年で42勝するピッチャーがいれば楽なんですけど」って言ったら「それは言うな」って笑っていたよ。

でも稲尾さんのシーズン42勝ってすごいよね。しかも先発で24勝、リリーフで18勝でしょ。ベンチにしてみりゃ頼もしいよ。不思議なのは、それでもその年の西鉄が優勝できなかったことだけどね（1961年3位）。

サンデー兆治誕生秘話？

2年目の1985年は、ヒジの手術を受けて、長いことリハビリが続いていた兆治が本格的に戻ってきた。当時は「ヒジにメスを入れたら終わり」と言われた時代だから、マスコミも注目して取材記者が多かった。

兆治はキャンプもオープン戦もずっと調子がよくて、稲尾さんからは「ミチ、周りも盛り上がっているし、兆治が開幕投手でいいよな」と言われたが、「開幕投手となると、あいつも必ず力んじゃうと思うんですよ。それでまた壊しちゃうのは嫌なんで、2試合目じゃダメですか。日曜日だし、そっちのほうがファンも喜びますよ」って言ったんだ。当時のパは月曜にも試合があって、開幕は土曜だったからね。それで深沢、兆治の順に決めて、稲尾さんも少し渋ったけど「分かった」と言ってくれた。

そのときは雨で試合が流れたけど、兆治は1週間後の日曜日（4月14日の西武戦。川崎）に先発し、シーズン初登板でいきなり完投勝利をしちゃったんだ。そのあとトレーナーに「兆治は中5日で行けるかな」って聞いたら、「無理です。6日でお願いします」と言うんで「じゃ、次も日曜な」となって、ずっと日曜登板になった。そのころ先発と言えば、中4、5日という時代だけどね。

そしたら開幕から11連勝、日曜だけで7連勝よ。確か『サンデースポーツ』という番組がNHKで始まった時期でもあり、そこで『サンデー兆治』と言いだして、一気に大ブームになった。兆治もすごいが、俺もすごくないかい。だって響きがいいでしょ。稲尾さんの言うとおり『サタデー兆治』だったら、あんなに騒がれなかったかもしれないよ。誰も言ってくれないから自分で言うけど、ある意味、『サンデー兆治』の生みの親と言ってもいいと思うんだけどな。

兆治はいいピッチャーだった。あの下半身の強さと粘りはすごい。フォームは誰もまねできないだろう。あとね、ピッチャーというのはテークバックが大きかったらフォロースルーが小さいものだけど、兆治は前も後ろも大きい。要は腕が描く楕円形が大きいんだ。バッターは、むちゃくちゃ近くから投げられている感覚だろうね。

俺は現役時代から下半身は投げて鍛えようという考えだったけど、兆治は走らなきゃダメだと言っていた。実際、よう走っていたよ。1年目の沖縄の自主トレには兆治も来ていて、やっぱりよく走っていたが、一つ「あれ？」と思ったことがある。あのときはプールトレーニングもたっぷりやって、俺はひそかに「兆治は泳ぎもダイナミックなんだろうな」と思っていたが、意外にも、めちゃくちゃきれいなフォームだった。あれは『マサカリ泳法』じゃなかったね。

麻雀を一緒にやったときも驚いた。あいつは右利きなのに左手でやるんだ。右手はゴムボールをずっと握ったり挟んだりしながら鍛えている。すごいなと思ったよ。

前年0勝の兆治が帰ってきて、あの年17勝だから、それこそ優勝してもおかしくなかったんだが、同じ2位だけど、首位の西武に大差をつけられた（15ゲーム）。落合が三冠王を獲ったり、打線はよかったんだけど、投手陣は前の年、あんなに頼もしかった深沢と石川が2勝ずつしかできなかったんだ。

故障じゃないよ。まだ本物の力がなかったんだね。矢面に立って俺がやらなきゃというときは頑張れても、二番手、三番手じゃダメなんだな。中継ぎが抑えになるとダメになることもあるし、逆にすごく成長するときもあるでしょ。向き不向きというより、メンタルだね。立場や役割が人を大きくするし、ダメにすることもある。

まあ、それを見抜いて、しっかりアドバイスできなかった俺が悪いんだけどね。

「細く長く」「太く短く」より「太く長く」がいい

ロッテの投手陣はすごく仲がよかった。兆治もマイペースだけど、和を乱すタイプじゃなかったしね。新聞記者に「投手陣は派閥があるんですか」と聞かれたときは、こう答えた。「あるよ。全員が佐藤ミチ派」ってね。もちろんジョークさ。みんな稲尾さん派。あの人が監督だから一つになれた。みんな稲尾さんを胴上げしたいと思っていたからね。

記者がなぜ「派閥」と言ったかと言えば、野手にはあったから。稲尾さんを慕っているのは同じなんだが、こっちは明らかに有藤派、落合派があった。本人同士は仲が悪いわけじゃない。あれは取り巻きが悪いんだ。下にいるほうがけん制し合って、2人の仲を悪く見えるようにしているというのかな。

南海時代もそうだったよ。杉浦（忠）派、皆川（睦雄）派があって「お前はどっちだ」とよく言われたけど、俺は2人によくしてもらったから、どっちでもない。本人同士も普通にしゃべっていたしね。下が勝手に張り合っておかしくしちゃうんだ。

38勝した年もあったが、故障に苦しんだ杉浦さんが「太く短く」、長く一線で投げ、200勝した皆川さんが「細く長く」のタイプと言われていた。派閥の下の連中はそんなことでも張り合っていたけど、考えてみりゃ足したほうがいいんだよ。そしたら「太く長く」なるでしょ。そんなくだらないことを気にしていたら、「細く短く」なっちゃうよ。

ロッテ3年目の1986年は、誰がケガしたとかじゃないが、巡り合わせがうまくいかなかった。一つは雨だ。雨が多くて、なんか乗れなかった。

兆治の試合も随分雨で流れて、しかも、なかなか勝てなかった。ただ、200勝が近づいていて、名球会が視野に入っていた時期だから投げたがってね。

最初は、前の年の『サンデー兆治』の続きで日曜の登板だったが、雨で中止になったら「月曜の試合に投げさせてください」と言いだした。稲尾さんには「登板予定のピッチャーは大丈夫か」と言われ、「俺が頭を下げておきます」と認めてもらったけど、また雨で中止。そしたらあいつ「あしたも投げさせてください」と。そのときは稲尾さんに「それでローテーションと言えるのか」と怒られた。

そしたら、その試合も雨。今度は俺のほうから兆治に「あすはどうする？」って聞いた。そしたら「もうステーキは見たくないからいいです」って。あいつ、登板前夜には必ずステーキを食べていたらしい。気のきいたことを言ったつもりだったかもしれんが、俺はムカッとした。エースなんだから、断わるなら、「先発予定の選手にこれ以上迷惑を掛けられません」と言ってほしかったんだ。

あのときは、兆治のエースとしてのプライドを大事にしたかったこともあるし、当時はマスコミも兆治、兆治だったからね。結果的には、ほかの投手に迷惑掛けたよ。

200勝という目標を意識し過ぎていて、あきらめが早くなった時期もあった。勝ちたい、勝ちたいと思うと、少し打たれると「きょうはダメだな」になるんだ。

それが露骨だったとき、言ったことがある。「兆治、悪いが言わせてもらっていいか。あのピッチングはなんだ。３点取られて、あきらめたような様子を見せただろ」。あいつも自覚があったんだろうな。「すみません」と謝った。別にそういう効果を狙ったわけじゃないが、周りの投手が「あ、兆治さんでも怒られるんだ」って顔になって、ピリッと空気が締まった。それで「よし、きょうは勝つぞ！」とみんなに声を掛けて、兆治には「悪かったな」と言って、お尻をポンとたたいた。

なんだか兆治のわがままの話ばかりしちゃったけど、いつもそうだったわけじゃないし、優しい男だったよ。

あれは川崎球場での試合前だった。部屋でタバコを吸っていたら若い選手が来て、

「ミチさん、投手集合です」

「バカ野郎、集合かけるのはこっちだぜ」

と言いながらロッカールームに行ったら、兆治を真ん中に選手がずらりと並んでいて、

「ミチさん、おめでとう！」

その日は、５月５日、俺の誕生日だったんだ。野郎どもが、低〜い声でハッピーバース

デーを歌ってくれ、兆治から胡蝶蘭《こちょうらん》の花束をもらったよ。

あとで稲尾さんから「俺はコーチ時代も、そんなの一度もなかったぞ」って言われた。少しうらやましそうに見えたな。

火事か……。かわいそうだったね。

荒くれどもが稲尾さんの歌で涙

あの年は結局4位、打線は悪くなかったよ。落合が連続三冠王になったりね。でも、明らかにピッチャーが足を引っ張っちゃったな。

しかも、いろいろあって、オフに稲尾さんが更迭になった。俺も「稲尾さんに呼ばれたんで、じゃあ辞めさせてください」と言ったんだが、「次は有藤が監督に決まっていますが、まだ組閣が決まっていないんで待ってください」と言われた。そのあと、「組閣に入っていません」「分かりました」となったけどね。

落合は移籍を志願して中日に行った。あいつ、「2、2、4位じゃなく、4、2、2位だったらよかったんだよ」って言ってたけど、さすが1億円ももらう男はいいこと言うなと思ったよ。給料上げるコツと同じだからね。ただ、今でも思うが、最後の4位よりは最下位から連続2位のほうを評価してほしいよな。

稲尾さんは俺にとって、コーチとしての最初の監督だったけど、最高だった。最初に「ミチはピッチングコーチ、俺は監督とピッチングコーチ補佐だ」と言ってくれ、実際、必ず「お前ならどうする?」と聞いてくれた。

ほかの監督は、投手交代だったら「代えるぞ」といきなり来て、こっちが「まだいけますよ」と言ってもダメ。選手を二軍に落とすときも「落とすぞ」と決まったこととして言ってきた。稲尾さんは違うよ。「どうだ?」と必ず言ってくれ、俺が「もう1回チャンスを与えてくださいよ」と言うと、「分かった、一度だけな」と言ってくれた。

俺はブルペンを見たかったんで、試合中はずっとそっちにいたが、ベンチの稲尾さんからよく「どうする?」って電話があった。当時、投手コーチは1人だけだしね。それで「監督、マウンドに行ってください。ピッチャーがまだ、いい目をしていたら続投させましょう」と言ったことがある。結局、続投して抑えたんだけど、ベンチに戻ったら稲尾さんに「ミチ、ナイスアドバイス!」と握手してもらった。

このときだけじゃなく、稲尾さんは試合に勝つと、いつも「ナイスゲーム」と言って握手してくれた。そのときの笑顔がいいんだ。そのたび「また頑張って喜んでもらいたいな」って思った。選手もきっとそうだったと思うよ。

しかも稲尾さんは、ダメだったときも「ミチ、ダメだったけど、俺もそれがいいと思っていたよ」と言ってくれるんだ。そんな人いないよね。「任せた」と言ったくせに、結果が出ないと「なんでそんな指示をしたんだ！」と怒る人ばっかりだから。

稲尾さんでよく覚えているのは、北海道遠征で、確か釧路だったと思う。稲尾さんと一緒に小さなスナックに行ったら、地元の漁師らしかったけど、少し荒っぽい感じの連中がこっちをジロリと見た。でも、すぐみんな稲尾さんと気づいて、ザワザワしだしたんだ。「あれ、西鉄の稲尾じゃないか」「神様、仏様だよな」みたいな声が聞こえた。

そしたら稲尾さんがカラオケのマイクを持って、

「神様、仏様の稲尾様でございます。一曲、歌わせていただいていいでしょうか」

と言って『おやじの海』を歌い出したんだ。村木賢吉さんの歌で、北海道の漁師の歌。稲尾さんもお父さんが漁師だからかな、しみじみ心に染みるような歌い方だった。

そしたら、びっくりしたけど、荒くれの漁師たちが、みんな泣きだしたんだ。

俺は野村さんも大好きだが、稲尾さんの下でも現役でやってみたかった。親分だよね。怖い人じゃないけど、その言い方がぴったりくる。

第5章 ▶

中日コーチ時代

「フォームを変えるなんて俺には怖くてできない。投手は簡単につぶれるんだ。それこそキャッチボールのときでもね」

ロッテのコーチを退任後、再び野球評論家となったが、1991年、星野仙一監督（1期目）に誘われ、中日の投手コーチに。しかし、1992年からの高木守道監督と折り合いが悪く、同年限りで退団となった。

オーストラリアで「落合対策」発見も試す機会なし

1991年、俺は仙さん（星野仙一）の5年契約の最後の1年、ドラゴンズの投手コーチに呼ばれた。ロッテのコーチを辞めてから、また評論家をやっていたけど、いきなり仙さんから電話がかかってきて「ミチ、俺と一緒にやらんか」と誘ってもらったんだ。

それで「島野（育夫）、加藤（安雄）を東京に行かすから、あいつらに星野野球はどういうものか聞いてみてくれ！」と。俺は「そこまでしなくてもいいですよ」と言ったが、そのあと、ほんとにコーチの島野さん、加藤が東京まで来てくれ、ホテルの中華料理屋で少し酒を飲みながら話をした。島野さんは南海時代の先輩でもあるけど、「星野野球は絶対に負けられない野球なんだ！」と熱く語っていた。俺は内心、「どのチームもそうだよな」と思って聞いていた。

誘ってくれた理由は、たぶん火鉢効果さ。仙さんがNHKの解説者としてロッテの鴨池春季キャンプに来たときがあった。寒い日でね。俺はブルペンにいたんだが、仙さんが「おい、ミチ、来たぞ！」と声を掛けてきた。それで「ああ、仙さん、寒いでしょう、こちらに」と言って火鉢の前の席に案内したら、えらく喜んでいた。そこで「俺はパ・リーグの投手は知らんのや。ミチ、教えてくれ」と言うんで、いろいろ話したんだ。それを仙さんが、のちのちすごく感謝してくれてね。人には親切にしておくもんだな。

中日の春のキャンプはオーストラリアのゴールドコーストだったけど、そこでもいろいろやったよ。ちょっと前の岡島秀樹（元巨人ほか）ほどじゃないが、頭が突っ込んだり、動いちゃうピッチャーが何人かいたんで、そいつらをなんとかしようと思って、サングラスを掛けたまま投球練習をさせた。自分で10個くらい買って、「矯正用サングラスだ」とブルペンに置いてね。スポーツ用サングラスなんてなかった時代だから、サングラスを掛けたまま投げたら、頭を振るやつは落ちちゃうでしょ。

体に染みついた動きのクセって、口で言ってもなかなか直らない。今ならビデオで投球フォームを撮影し、その場でチェックできるが、当時はそんなのないしね。だから、サングラスやロッテ時代の逆マウンドとか、どうやったら選手が体で覚えてくれるかいろいろ考えた。

サングラスは最初ブルペンだけでやっていたけど、そのあとフリー打撃でもさせたら、すぐ「ミチさん、あれ怖いですよ」とバッターの宇野勝から苦情が来た。「目が見えないと、どこに来るか分からない」って。そのとき、俺は「やっぱりな」と思ったんだ。

これを思いついたのは、ロッテのコーチ時代、落合博満のバッティングを見ていたときだった。あいつは打席で顔のあたりに来る球をうまくよける。ボールを見てというより、リリースの前に察知しているみたいで、ピッチャーの体の動きだけじゃなく、目を見ているんじゃないのかなと思ったんだ。

俺はひそかに、打者・落合相手ならピッチャーがサングラスで目を隠しちゃう作戦はありだなと思っていた。ルール違反でもないし、三冠王三度の大打者に正々堂々と行っても勝てないだろ。このキャンプで、それを証明したと思ったんだが、残念ながら、このとき落合は中日にいた。実際、試合でやったらどうなっていたのかなと今でも思うよ。

実は俺も頭が動くタイプで、帽子がよく落ちた。夏だと汗もかいてるし、拾ってかぶるとき、額に泥がつく。拭いてるうちに時間がたつでしょ。野村克也さんには「ひもつけて、あごで結んどけ」って言われたよ。そんな幼稚園児の帽子じゃないんだからさ。

強烈だった仙さんの罰金倍々システム

ウワサには聞いていたから仙さんの厳しさにはそんなに驚かなかったけど、びっくりしたのが罰金の高さだよ。門限破りとか試合中の決め事をしなかったときの罰金がすげえ高かった。俺はもともと罰金って好きじゃないから、一度、「監督、罰金が高過ぎると思うんですけど」と言ったことがある。

そしたら、こんな話をしてくれた。

「ミチな、以前、錦3丁目（名古屋の繁華街）の店に俺が友達と食事に行ったら、うちの選手が、そいつのスポンサーと一緒にいたんや。それで、こっちがあいさつしたあと、そのスポンサーが俺に聞こえるように『おい、お前、門限破ったらいくらなんや』と選手に言った。選手が『1万円です』と言ったら、『じゃあ10回分払っておけ』って、いきなり選手に10万円を渡したんだ。それを見てカッときた。周りにほかのお客さんもいたし、そこでは何も言わんかったけど、あのとき、罰金は簡単に払える金額じゃダメにしようと思ったんや」

それから仙さんがやったのが罰金の倍々だ。1回目は1万円で、2回目が2万円、3回目が4万円、4回目が8万円。だから10回やったら……いくらになるんだ。まあ、とんでもない額になるよね。仙さんは、「払える罰金なら、どうせこの程度と思ってすぐ同じことをやる。だから厳しくするんや。そうしたらしなくなる」って言ってた。

確かに、当時のドラゴンズで門限破るやつはほとんどいなかった。

仙さんは、ほんと熱血漢という言葉がぴったりの人だった。試合中はすぐカッカする。根性という言葉が好きで、外国人選手相手でも通訳に「あいつは根性がない！　もっと根性を出せと言っとけ！」ってよく言ってた。通訳が「根性という言葉に合う英語がないんですよ。なんて言えばいいんですかね」って俺に相談に来たことがある。俺は「ガッツとかファイティングスピリッツかな。でもな、なんで英語がよう分からん俺に、通訳のお前が相談するんだ。お前が分からんことが俺に分かるわけないだろ」って言ったけどね。

俺も仙さんには何度も怒鳴られたよ。あの人、ベンチから「（バッターに）ぶつけろ！」ってよくピッチャーに言っていたんだ。それで当てないと「あいつから罰金取れ！」って俺を怒鳴る。試合に勝っているときもそう言うから「勝ってるときくらい、いいじゃないですか」と言ったら「バカ野郎、俺は監督だ。俺がぶつけろと言ったらぶつけさせんか！」とまた怒られた。

みんな知っている話だと思うけど、試合中、仙さんはよく選手を殴った。さすがにベンチじゃやらんが、「来い！」と言って裏に連れて行って、しばらくすると「バシャーン」とすげえ音がするんだ。あの頑丈そうな大豊泰昭が、殴られて顔が腫れあがっていたこともあった。一体、何発殴ったんだとびっくりしたよ。山田喜久雄が四球を連発して、「来い！」で、裏に呼ばれたこともあった。鼻血を出して戻って来て、脱脂綿を鼻の穴に詰めてマウンドに上がっていったな。

それでも選手が付いていったのは、時代もあるし、仙さんの熱に圧倒されたんだろうね。あの人を「男にしたい」と思っていた選手はたくさんいたよ。

ものすごく負けず嫌いな人でね。4、5点、勝っていて、楽勝みたいな展開でも、最後まですげえ怖い顔をしている。俺が「もう大丈夫ですから気楽に見ましょうよ。少しは投手を信用してください」って何度も言ったことがあるが、「まだ分からん！」と怒られ、表情もまったく変わらなかった。

1球の怖さを知っているからだと思う。狭いナゴヤ球場だし、ちょっとした油断で一発を食らって逆転されることはよくある。勝負は下駄を履くまで分からないというのは確かだよ。それこそ、宇野のヘディングみたいにね。

仙さんで覚えているのは手の汗さ。勝ったら「うぉおりゃー！」と大声で怒鳴って、汗でベタベタになった手で握手してくるんだ。どれだけ緊張してんだって話だよな。こっちは正直、「汗かいたら、拭きゃあいいじゃねえか」って思ったこともあったけどね。

当時のドラゴンズの投手陣は小松辰雄が親分で、ベテランでは鹿島忠とか西本聖、郭源治がいた。あの年、源治が13勝で勝ち頭かな。ベテランだけど、マウンドで飛び跳ねるようなバネがある男だった。オーストラリアのキャンプで投手陣にノックしたときも、ほかの連中はヘトヘトになっていたのに、源治だけは「もっと来い！」「よし！」と1本1本、声を出して元気、元気。俺が「分かったよ、源治。お前はきょうから郭元気だ！」って言って、選手みんなが大笑いになったこともあった。

でも、そのときで35歳だから、いくら元気な男でも下り坂は下り坂さ。俺の2年目になる1992年は、なかなか勝てなくなった。

見ていたらマウンドさばきがおっかなびっくりのような気がして、遠征の芦屋の旅館のラウンジに呼び出したことがある。そこで、「源治さ、何が不安なんだ。人間、誰だって死ぬけど、その前はパッと花が咲くもんだよ」って言ったんだ。そしたら源治が泣きだしちゃってね。誰かが見ていたらしく、「佐藤コーチが郭を泣かせた」って言われちゃったよ。

でもね、歯がゆかったんだ。あんなに楽しそうに元気に投げていた源治が、まったく楽しそうに見えなかった。それで「頑張っていれば、必ず花は咲くんだ、元気を出せ！」と励ました。次の年は抑えで頑張ったから、少しは役に立ったかな。

守道さん、全員フォーム変更は無理です

1991年、中日は2位だったけど、5年契約が終わった仙さんは退任となって、1992年から髙木守道さんが監督になった。俺は仙さんに呼ばれた人間だし、これで終わりかな、と思っていたら、これも火鉢効果なのか、仙さんが「ミチ、お前を1年で東京に帰すわけにはいかない。守道さんと球団に言って、給料も上げてもらうから、もう少し名古屋にいろ」と言ってくれたんだ。実際、年俸が上がったうえにボーナスも出たからね。ありがたいことだよ。

ただ、正直なところ髙木さんとは合わなかった。いろいろあったけど、決定的だった話からしようか。

守道さんは廣岡達朗さんを尊敬していて、その関係で、廣岡さんと親しいトム・ハウスを呼んできたことがある。ノーラン・ライアン（メジャーの大投手）のコーチをしたこと

もある人で、確かに理論家だった。話を聞いても「へえ」と思うことは多かった。でもね、このとき、いきなり守道さんが「投手全員をトム・ハウス理論でフォームを変えさせろ」と言ってきたんだ。

むちゃくちゃだよね。ピッチャーってさ、ステップを変えたり、腕をちょっと下げたりしただけでつぶれることもある。それこそキャッチボールでもね。簡単にフォームを変えさせるコーチは、度胸があるか、無責任かのどっちかさ。バッターはバットを変えることができるが、ピッチャーの腕は変えられない。ケガしたら終わりになることもある。俺はそんなの怖くてできない。

だから、「いやあ、難しいでしょ。合う人と合わない人がいますよ」と言ったら、血相を変えて「俺は監督で、お前はコーチだろ。やれって言えばやれ!」って。

仕方ないから「すみません、自信ありません」と言ったら、びっくりしたけど、守道さんが、その瞬間から俺と口をきいてくれなくなった。職人肌の人って、そういうところがあるんだよ。気に入らなかったらプイと別の方向を見ちゃうみたいだね。

トム・ハウスの理論というのは、マウンドの傾斜を利用して倒れ込むように投げ、テークバックが小さく前が大きいフォームだった。そのほうが故障しないと言っていたが、確かにそういう面はあるかもしれない。でもさ、外国人選手と日本人は筋力が違うし、それ以前に選手はみんな体も体の使い方も違う。みんな同じフォームなんて無理だし、その投手の長所を消しちゃうよ。

相手は監督だし、納得できなくても「はい」と言っておいて、選手には「俺はどうかと思うけど、監督がやらなきゃ使わないって言ってるから、やらな仕方ないだろ」とか言えばよかったのかもしれない。でも俺は、そんなの無責任で嫌だった。

もし俺が素直に聞いていたら、山本昌はいないだろうな。あんなフォーム許してもらえないからね。そう考えると、あいつには少しは感謝してもらってもいいのかな。

一度、沖縄の宿舎のバーで、通訳とトム・ハウスと話したこともある。彼は酒を飲めないけどね。彼も「僕の理論に佐藤さんが反発したと聞いたけど、確かに合う選手と合わない選手はいると思う」と言ってくれた。でもさ、守道さんは一度、こうだ！　と思ったら曲げないいんだよね。ほんと頑固な人だったな。

ミーティングで落合も怒られた

野手出身の守道さんは投手心理もあまり分かってなかった。ピッチャーはみんなプライドが高いが、うまくおだててくれりゃ、力以上が出たりするんだ。

すごく寒い日だったけど、キャンプでピッチャーの練習が終わったから「先にあがります」と言ったら「何を言ってるんだ。野手はまだやってるぞ。ボール拾いを手伝わせろ」って言われたことがある。キャンプで投手の練習が先に終わるのは当たり前なのにね。トレーナーだって人数に限りがあるから、まず投手から帰らせてマッサージを受けさせて、そのあと野手が戻ってのほうが時間的なロスも少ないんだ。寒い中、ピッチャーが球拾いしている姿を見て、「なんて人だろう」って思ったよ。南海時代の野村克也さんは「投手を大事にしなきゃ勝てない」と言ってたし、実際そうだと思うからね。

落合をミーティングで怒ったこともあった。守道さんが「右にうまく流して打つけど、その秘訣《ひけつ》をみんなに教えてやってくれ」と言ったら、落合は「僕は流してないんです。そうするとファウルになる。すべて引っ張っていく中でライトに飛んでいくだけです」と答えた。そしたら「そんな説明では分からん。話にならない」って怒っちゃってね。

最初から流そうと思うとヘッドが遅れるからファウルになりやすい。だから全部、引っ張っていって、バットの角度次第でライトに行くという意味だったと思う。まあ、落合も落合で、いい男なんだが、ぶっきらぼうなところがあるから誤解されやすいんだよな。

今度は守道さんの悪口っぽくなったが、単に俺が合わなかっただけで、優しいところもあったよ。瞬間湯沸かし器ですぐカッとなるのは参ったけどね。

結局、守道さんとは1年だけでこっちが退団。辰雄が音頭とって投手連中で送別のゴルフコンペをしてくれ、そのあとは辰雄の家に20人近く集まって打ち上げ兼送別会になった。そこで、「みんなをかばえず悪かったな」と頭を下げた。あいつらからは、記念にと、金のパターをもらったよ。


フォームを変える怖さで言えば、今でもキャンプで新人投手の指導の映像や新聞の記事を見ると「怖えな」と思う。プロのコーチは、彼らのアマチュア時代を映像で少し見ただけで、実際のプレーは見てないことがほとんどでしょ。それじゃ本当のところは分からない。調子のいいときのフォームだけじゃなく、疲れがたまったときのフォームとか、見とかなきゃいけないことはたくさんあるんだ。しかも、高校生なら夏の大会から半年くらい実戦のブランクもある。課題がないほうがおかしいよ。

それが新人を見ると、すぐ「仕事してますよ」的に直したがるコーチが多い。あれはダメだよ。彼らに対するコーチの仕事は、キャンプで体力がそこそこつき、全力で投げられるようになってからでいいんだ。

俺がコーチの時代は、いつもほかのコーチに「新人のピッチャーは全力で投げるまで何も言うなよ。軽く投げてダメな箇所があっても全力ならよくなるタイプもいる。スカウトが全力でやっているのを見て獲った選手なんだから、まずは見よう」と口を酸っぱくして言っていた。

第6章 ▶

近鉄コーチ時代

「石井浩郎に言ったんだ。『あしたも遅刻していいぞ。またマクドナルドでおごってもらうから』って」

中日コーチを退任後、
すぐ近鉄の鈴木啓示新監督に誘われ、
1993年から近鉄で一軍、二軍の投手コーチを務めた。
1996年限りで退任後は再び野球評論家となっている。

ランニングはアップシューズでやりましょう

1992年限りで中日のコーチを辞めたら、すぐ鈴木啓示から連絡をもらった。「俺、近鉄の監督になるんだけど、コーチやってくれないかな」って。これから何をしようかなと思っていたときだったし、「喜んで！」さ。

1年目の1993年は4位かな。開幕前は優勝候補とも言われ、投手陣は粒ぞろいだったよ。野茂英雄が日本最後の最多勝で、抑えの赤堀元之も安定していたし、中継ぎではピッカリ君の佐野慈紀（当時は重樹）もいた。投手陣は、みんな仲がよくてまとまりがあったな。

ただ、鈴木啓示には苦労した。年が同じで仲はよかったんだけど、いざ、監督とコーチになると、やっぱり大変だった。守道さんと一緒で自分では選手に言わず、「こう言っといて」が多かったんだ。それが納得できることならいいが、できないこともある。「だったら監督が言ってくださいよ」と言いたくなることがしょっちゅうあった。

例えば、アップシューズでランニングしている選手を見ながら、「みっちゃん。俺らの若いころはランニングと言ったらスパイクを履いてやったよな。スパイクを履くように言っといてくれ」と言われたことがある。俺はもともと走るのが嫌いだし、どっちがいいのかなと思って、選手に言う前にトレーニングコーチの立花龍司に聞いたんだ。そしたら「ミチさん、スパイクは長い距離を走るときに履くもんじゃない。絶対ケガしますよ」と。「そうか、そうだよな」と言って選手には言わなかったんだ。

そのあと、鈴木啓示が「なんでまだスパイク履かせてないんだ！」って言ってきたから「監督、いきなり靴を変えるとアキレス腱を痛めますよ。シーズン中にケガさせたらゲームにならんですよ」とごまかした。嫌そうな顔をしてたけどね。

そういうのをマネジャーが聞いていて、選手に言ったんだろうな。野茂たちが「ありがとうございます」と言ってきた。俺は「あんたらは成績を残してくれたらいいんだよ」とだけ言った。ピッチャーがよくないとチームが勝てないからね。

これで自分たちの味方と思ってくれたのか、選手とは一緒に食事にも行くようになった。金はかかるが、こっちは大歓迎だった。話しているうちに選手の性格も分かるでしょ。「こいつにはあまり強い言い方はしないようにしよう」とか、逆に「こいつはもっと言っていいな」とかね。野球の話にしても、ユニフォームを着ているときは、どうしてもこっちから言うだけになるけど、食事の場ならお互いリラックスしている。相談されて「俺はこう思うけど、お前はどう思う」と一方通行じゃない会話ができるしね。

ただ、逆に監督とはギクシャクして、一軍は1年だけで、次の年から二軍でリハビリとか遠征の居残り組を担当する、いわゆる三軍になったけどね。

盛大に野茂をメジャーに送りだしましょう!

野茂とも、いい関係がつくれたと思っている。あいつも落合博満と同じでね。そっけないから誤解されやすいけど、心を開いたらとことん来てくれる。

結局、あいつは1995年からメジャー(ドジャース)に行ったけど、当時の近鉄の投手連中はロッカールームで、いつもメジャーの話ばかりしていた。だから、野茂が「メジャーに行きたい」と言いだしたときも「やっぱりな」と思ったよ。

そうそう、あいつがメジャーに行く、行かないでもめてたとき、俺も一役買ったんだ。

1995年の1月だった。近鉄の球団代表から「みっちゃん、野茂と名古屋で会うんで来てもらえませんか」と電話があった。俺は三軍を見てたときだから「なんでですか。俺、三軍ですよ」と言ったけど「みっちゃんじゃなきゃダメだから」って。東京や大阪だとマスコミにバレやすいということで名古屋のホテルにしたらしいね。向こうは野茂と団野村（野村克也さんの義理の息子。代理人）と言っていた。

団野村は野村さんの家にいた高校生くらいのときから知ってるから、「おお、団ちゃん元気？」「お久しぶりです」みたいになってコーヒーを出してもらった。代表はなんとか野茂を引きとめようと、何イニングでいくらとか条件を細かく出して「野茂君、見てよ」と書類を出した。当時としては、かなりいい契約内容だったと思うよ。でも、野茂は「メジャーに行かせてください」としか言わず、それを見ようともしなかった。

俺は三軍コーチの出る幕じゃねえなと黙って聞いていたが、最後、代表が「みっちゃん、何か言うことない？」って聞くから、

「代表、天下の近鉄なんだから、バンザイして、野茂を盛大に見送りましょうよ」って言ったんだ。

そしたら代表がバッと立ち上がって、

「分かった。微力ながら、俺も行かすよう努力するよ」

びっくりして鳥肌立った。だって、俺みたいな立場と違って、会社の人間だぜ。戻ってそんなこと言ったら、何をされるか分からん。あのころは世間も「野茂はわがままだ。メジャーに行かすな」って雰囲気だったからね。この人、男気あるなと思った。

そのあと代表と一緒にメシを食って、中日のコーチ時代に行ったスナックで夜中の2時くらいまで飲んで歌った。「ありがとうございます。野茂をよろしくお願いします」と何度も言ってね。ああいうときの酒はうまいよ。

メジャー移籍が決まってから、野茂が「背中を押してくれた」と黄土色のブレザーをお礼にと贈ってくれた。律儀なやつだね。

一度だけだが、野茂が日本に帰ってきたとき、食事に誘ってもらったこともある。マネジャー経由で連絡があり、「何か食べたいものはありますか」って言われたけど、向こうは『世界の野茂』だからね。「どこでも行きます。野茂さんにお任せします」だよ。

それでワインがうまい店に招待してくれてね。3人で確か7本は空けたんじゃないかな。うれしくて完全に飲み過ぎちゃった。もう夜遅かったが、帰りは野茂がタクシーを拾ってくれてね。あとで運転手さんに「もしかして、今の野茂さんじゃなかったですか」って言われ、「うん。そうだよ」って、こっちまで胸を張って言っちゃった。

そのとき野茂が今度はナイキの革のハーフコートをプレゼントしてくれた。ブレザーと一緒に今でも俺の宝物にしているよ。

リリーフのつもりで先発したらうまくいく

近鉄時代だと、吉井理人（現・ロッテ監督）も印象にある。抑えで出てきたピッチャーだけど、俺が近鉄のコーチになる前の年（1992年）に故障した。代わりに抑えになった赤堀が大活躍したんで、出番は減っていたが、度胸も技術もあるし、力があることは分かっていた。俺は先発もいいんじゃないかって思っていたんだ。

西武戦（1993年6月17日。西武）で、先発予定の投手が前日になって故障で登板回避となって、先発がいなくなったことがある。監督に「あした誰がいる？」って聞かれ、チャンスと思って「吉井がいいんじゃないですか」と言ったんだ。「あいつはリリーフじゃないか」と言われたけど、「いいじゃないですか。リリーフを一番手から投げさせると考えれば。次も準備しておくんで、3イニングを抑えるつもりで投げてもらいましょう」。そしたら「う〜ん」と考え込んじゃって「あしたの朝に返事する」とだけ言われた。

俺は吉井に「絶対に行かすから準備しておけ」と伝え、次の朝、監督が「じゃあ、吉井で行こう」って言ってくれたんで、先発させたら完投しちゃったんだ。

勝算はあったよ。実際、俺がリリーフをやっているとき、昔だから谷間の先発もよくやったけど、完投したこともある。別に完投を目指したわけじゃないし、5回も考えてない。

とりあえず一回りと考え、抑えたら「よし、じゃ二回り目」みたいな感覚でやっていくと、意外とうまくいくんだ。一応、俺も15完投ほどしてるしね。

吉井も俺と同じことができると思ったんだ。だから吉井には「特別なことはしなくていい。リリーフと同じだと思っていつもどおりにいけ」とだけ言っていた。まあ、それだけで特に何も教えたわけじゃないが、吉井はそこから先発に定着して、メジャーとかあちこちに行って長く現役を続けた。そういうきっかけづくりもコーチの面白さだね。

俺自身、現役時代、先発をやって勉強したことは多かった。長いイニングになると全球全力とはいかない。しかも、抑えは打たれたらすぐ交代が多いけど、先発は2、3点は我慢してもらえるから、いろいろ試せるよね。手抜きじゃないが、軽く投げて抑えるときだってある。慣れてくると、「全力で投げて打たれても腹立つし、腹八分で投げようかな」と思って、目いっぱいは、ここぞのときだけにした。実際、遅い球を入れることで、速い球がさらに速く見えたりもするしね。

ピッチャーって、そういう理屈が頭では分かっていても、元気なときは、なかなか割り切れず、ついついむきになって投げてしまうんだよね。特に自分の球が速いと思っているやつほど、なかなか遅い球を投げられない。怖いんだろうね。

ピッチングは駆け引きなんだ。顔は全力で、力は八分でもいい。インコースの厳しいところに投げて、相手が怒っているとき、「すみません」とペコペコ謝りながらまた同じところに投げたり、「なんでその程度で怒るんだ！」とカッカしたふりをして言い返しつつ、まったく別のところに緩い球を投げたりね。

実際、テンポを変えたり、遅い球、変化球を使って、ごまかしながら2ストライクに追い込めば、すごく楽になる。コーチ時代、俺はよく選手に、「女性が3人、向こうから歩いてきたとするよね。最初の2人はそれほど美人じゃなく、3人目が美人だと、最初からその美人を見たときより、ずっと美人に見えるだろう。ピッチングも同じさ」って言っていた。昔はもっと直接的に言ってたけど、女性の読者もいると思うから、そこはうまく書いてよ。うちの店は女性も大歓迎だしね。

冗談ばっかり言う、ふざけたコーチだと思ってたやつもいただろうね。焼き肉屋に連れて行って、「お前、本当にノミ心（ノミの心臓）だな。心臓が強くなる方法を教えてやろうか」って言って、「なんですか」って聞かれると、「心臓を食え。ハツだ」って言ったこともある。飲みに行って堅苦しいこと言っても仕方ないだろ。

でもさ、先発の評価も変わってきた。今はクオリティースタート（6回以上自責点3以内）とか、いろんな評価があるけど、昔は勝ったか負けたかだけだったからね。先発は勝ち星がなきゃ給料が上がらなかったし、先発は完投しなきゃダメみたいな感じがあった。実際、ベンチからしたら、ほかの投手を休ませられるし、完投が一番ありがたい。ただ、そうは言っても、5回を1、2点で抑えてくれるだけでも、ずいぶん助かるんだ。

ロッテのコーチをしていたとき、フロントに「先発ピッチャーが5回を2点以内で抑えたら、勝利投手じゃなくても0・5勝したことにしてください」と言ったことがある。4つあれば2勝ね。そのときは「分かった」と言ってくれたけど、オフになったら選手が「ミチさん、0・5勝になってないですよ」と愚痴ってきた。聞きに行ったら「評価はしている」と。評価はしても金にはならんということらしい。

石井浩郎のマクドナルド事件

三軍を担当したときは、ウエスタンは名古屋とか福岡遠征があるけど、そこには行かず、藤井寺球場で残留組の面倒を見た。一、二軍ともだけど、先発投手で登板予定がなく、遠征に帯同しなかった選手、ケガをしたりして調整中の選手、あとは育成というのか高校出とかね。ピッチャーが多かったけど、野手も結構いた。

打点王にもなった（1994年）石井浩郎がケガで落ちてきたこともあった。前の日、一軍のマネジャーから「浩郎が三軍に行くんでお願いします」って連絡があってね。

そしたら次の日、いきなり遅刻しやがった。「すみません、ミチさん、寝坊しました」って言うから「おい、お前、三軍をなめてるんか！」と、ちょっと怖い顔で大きな声で言って「すみません」とあいつが返事をしたあと、

「よし分かった。マネジャー、みんなに注文を取れ」って。

藤井寺の駅前にマクドナルドがあったから、それを石井におごらせようと思ったんだ。俺はマクドナルドなんて食べたことがなかったんで、裏方さんに「何がうまいんだ」と言ったら「マックシェイク」と。「それ何？」って聞いたら「ドリンクです。おいしいですよ」と言われた。ガクッとしつつ、「昼飯なんだから食い物だよ。俺、あんまりハンバーグ好きじゃないんだけど、ほかにないのかな」と言ったら「白身魚のフィレオフィッシュというのがあります」「よし、それ！」って。ダブルにすると大きいというから、みんなに「ダブルでもいいから注文しろ。遠慮するな」って言って、今度はニッコリ笑顔で石井に、

「お前、払えよ」って。

選手、コーチ、裏方さん分も含めて全部で1万円しないくらいだったと思う。あいつにしたら安いもんだろ。それで「よし、この話はここまでだ。遅刻は一軍には報告しないよ」と言ったら、石井がうれしそうな顔で「はい」って言うから、「あしたも遅刻していいぞ。またマクドナルドをおごってもらうから」と言ったら、みんなで大笑いになった。

同じチームの仲間なんだから、おかしな雰囲気にしたくないしね。でも、「遅刻していいからおごれ」は半分本音だった。三軍は安い冷えた弁当で、みそ汁もないんだよ。みんないつもブーブー言ってたからね。


当時の三軍は、野茂やら石井やら一軍の選手が落ちてくることが多く、時々、「こりゃ一軍より年俸高いんじゃねえか」と冗談言ってたこともあった。新聞記者がいなかったときは、気晴らしで、裏方さんも入れてソフトボールの試合をしたこともあったよ。記者にばれたら何書かれるか分からんから、藤井寺の入り口のカギを閉めちゃってね。

「みんな好きなとこ守っていいぞ」

と言ったら、確か野茂はショートにいたんじゃないかな。

石井は今は議員先生で、副大臣になったんだよね。偉くなったもんだねえ。この間、石井の知り合いが店に来て、その人が店から石井に電話をして俺も少ししゃべった。そしたら「ミチさん、藤井寺は面白かったですね。ソフトボールなんてするコーチはいませんよ」って笑っていたよ。

村上の56号は打たれた投手も褒めてやらないとね

近鉄は１９９６年限りで、そこからまた評論家になった。時々、大阪にも呼んでもらって、近鉄戦の中継も担当したけど、そこそこいいギャラでありがたかったよ。

たまたま、２００１年の優勝のときも解説だったんだ。最後、北川博敏が代打逆転サヨナラ満塁本塁打を打って決めた試合ね（9月26日、大阪ドームでのオリックス戦）。一時、話題になったんだけど、あのとき俺は、「北川がホームランを打つんじゃないですか。ガツンといかなきゃ話にならないですよ」と中継で話していたんだ。北川は日大の後輩だし、期待も込めてだけどね。

解説は外れてもいいんだよ。「ここはエンドランもありますね」と言えば、見ている人が「そういう作戦もあるか」と思って、より楽しく見てもらえるでしょ。結果論ばかりで、終わってから「ここはエンドランにすべきでした」はちょっと盛り下がるし、はっきり言えば、評論家の自己満足でしょ。

でもまあ、ほんとに打ったからすごかった。後ろの音声さんが俺に拍手してくれ、こっちまでうれしくなったよ。

これはテレビじゃなく、最近、店でお客さんに〝解説〟してたときだけど、シーズンの最終戦、最後の打席で、ヤクルトの村上宗隆が王貞治さんを抜く56号本塁打を打ったでしょ。評論家は中継だけじゃなく、どのテレビ番組やスポーツ紙を見ても、村上を大絶賛だった。俺もすごいと思うよ。

でも、俺はあのとき、お客さんにこう言ったんだ。

「村上だけじゃなく、これは打たれたピッチャーも褒めてやりたいね。真っ向勝負をよくやってくれた。ありがとう！」

打たれたくないなら、臭い球で逃げてもありだったと思うけど、あそこで逃げたらプロ野球熱も冷めるぜ。記録に関係なく攻めたDeNAの入江大生を俺はカッコいいと思った。打ちも打ったり、投げも投げたり。評論家も結果だけじゃなく、そういう戦いを褒めてあげてほしい。そういうロマンを感じる解説をしてほしいんだ。

第7章 ▶

中日二軍監督時代

「儀式じゃないけど、一軍に上がる選手に必ず言ったのが、もう俺の顔を見ないようにしろよ、だった」

2004年、中日監督となった落合博満に誘われ、中日の二軍監督に。1年目からファームの日本一に輝いた。3年後の2006年退任。その後、『野球小僧』を開店する。

「一が大事」でつかみはOK

俺の最後、いや現時点の最後のユニフォームは中日の二軍監督だ。落合博満が呼んでくれたんだよ。お互いの評論家時代、あいつが日刊スポーツで俺が報知でやっていて、西武ドーム（現・ベルーナ）の試合で一緒になったことがある。試合が終わったあと、電車は混むからと、新聞社がタクシーチケットをくれたんで、2人で一緒に乗って帰ったんだ。車の中で「おい、オチよ、監督は給料が安いから嫌とか言わず、監督になれよ。それで俺をコーチで雇ってくれ」と、もちろん冗談で言った。そのときはニヤニヤしてたが、中日の監督になったとき（2004年）、ほんとに呼んでくれたからびっくりしたよ。

ありがたかったな。年齢的に、もうチャンスはないかなと思っていたところで、もう一度、ユニフォームを着られたからね。しかも、二軍だけど、監督というやったことがない仕事ができた。ピッチャーだけじゃなく、全体を見るというのがすごく新鮮だった。

二軍監督は難しかったよ。一軍で活躍する選手を育てなきゃいけないけど、勝敗度外視というわけにはいかない。やっぱり勝利の味や、試合の中で勝つためにどう戦うかというのも若い選手にはいい勉強になるでしょ。ただ、難しいけど、楽しかった。落合には感謝、感謝さ。今も足を向けて寝れんよ。

監督になって最初の選手ミーティングでは「一」の大事さを話した。ピッチャーであれば、まず初球、先頭打者。ファウルでも見逃がしでもいいから、初球にストライクを取ればすごく楽になるし、イニングの先頭打者を出さないことも大事だよね。

逆になるけど、バッターもそう。初球をヒットすればチームが盛り上がるし、初球から思い切り振れる積極性自体が、すごく大事だと思う。俺も現役時代経験があるけど、ピッチャーは初球のストライクを見送ってもらうと、すごく気分的に楽になるんだ。当たらなくても思い切り振ってこられると、なんとなく嫌な気分になる。

ほかも全部そうでしょ。盗塁も守備も一歩目がいいと成功の確率が上がる。もちろん、ただ無鉄砲に早く動け、という意味じゃないよ。投手や打者の初球もそうだが、スムーズに動き出すためには、相手を観察し、体と心をしっかり準備しなきゃいけないからね。

そのミーティングでは最後、

「一を大事にしないと、チームの一大事になるよ」

と言ったらドッと受けた。これも「一」の大事さかな。監督として最初のつかみはOKということでしょ。

前のコーチ時代の選手は山本昌くらいかな。あいつは39歳のシーズンだったと思うが、

13勝した。最後は50歳まで現役だったんだから、すげえやつだよね。

その年だったか忘れたけど、山本昌が二軍で調整登板したときは、若いやつらにこう言った。「どうだ、球は速くないけど、ベルトから上に来ないだろ。だから昌は勝てるんだ。とにかく低く低く投げろ、そしたら給料は高く高くなるから」ってね。

ファーム日本一と懐かしの藤井寺での胴上げ

あの年は一、二軍でずいぶん選手の入れ替えがあったが、落合監督から、二軍でああしろこうしろという指示はなかった。好きにやらせてもらったよ。

落合の真意は分からないけど、だから逆に考えた。ピッチャーに関しては、こっちで、「こいつを一軍に推薦し、先発として使ってもらいたい」となれば、その準備として、打たれてもすぐには代えず、１４０球、１５０球と投げさせたこともある。野手は、内外野とできるだけ複数のポジションを守らせた。いろいろなポジションができることで、一軍で起用されるチャンスが増えるし、野球を覚えるからね。

内野と外野では視界がまったく違うし、いろいろな視点で野球を見るというのはすごく大事だと思う。そうすれば、相手の気持ちが分かって内外野の連係がスムーズになるし、味方だけじゃなく、相手の野手がどういう意図で守っているのかも分かってくる。いろいろなところで必ず役に立つからね。

ピッチャーもそうだよ。試合で二刀流をさせるわけにはいかないけど、練習でバッティングをしたり、野手の位置でノックを受けたり、あるいは俺と落合じゃないが、酒を飲みながら野手の話を聞いたりするだけでもすごくプラスになる。昔、キャッチャー連中と酒を飲んでいると、「なんであんな球を投げるんだ」とよく言われた。同じ18・44メートルだけど、受け手と投げ手は景色が違うんだね。何度も「お前もピッチャーをやってごらんよ、違うから」と言ったが、「へえ」という発見も多かった。

バッターで言えば、四番にだってバントのサインを出したし、練習もしっかりさせた。だって、二軍の四番がいきなり一軍で四番は打たんでしょ。複数ポジションと一緒で、バントがうまいとなれば、チャンスも増えるしね。その選手が一軍に上がったときのために何をさせておけばいいのか。そういう目線はいつも持ちながらやっていたつもりだよ。

あの年は球界再編問題もあって球界全体がすごくバタバタしていたけど、中日は一軍が落合新監督で優勝したから二軍にも追い風が吹いていた。一軍に引っ張ってもらうように勢いに乗り、1年目からファーム日本一になった。

当時は前後期制でね。前期が近鉄、後期が中日の優勝で、藤井寺でウエスタンのプレーオフになったんだ。最初は別の球場のはずだったけど、日程がずれて変更になってね。そこで逆転勝利で優勝し、胴上げをしてもらった。そのときの写真は今も店に飾ってあるよ。

マイクの前で、勝利監督インタビューもあったんだけど、

「ここで南海時代、1日2勝させてもらった佐藤道郎です！」

と言ったら、どっと沸いた。昔からの近鉄ファンも多かったんだろうね。ダブルヘッダーで実際、2勝したこともあったんだ。

あれが藤井寺での最後のプロ野球のゲームだったらしい。現役で投げただけじゃなく、近鉄のコーチとして通った時期もあった。その球場の最後の試合で胴上げされるなんて、縁を感じたね。そのあと、宮崎のファーム日本選手権で日本ハムに勝って日本一になったが、藤井寺の優勝のほうが印象深い。近鉄も、あの年限りでなくなったしね。

自分から「育てた」と言っちゃダメ

いつだったか忘れたが、吉見一起が俺にシュートを教わったという話をマスコミにしてくれたことがあった。

こういうのって、照れくさいけど、すごくありがたいんだ。コーチってね、自分から「俺が教えた」とは言えないし、言っちゃいけないいんだよ。王貞治さんと荒川博さん（一本足打法の師匠）くらい有名になれば別だが、どうしたって「あいつ、大げさに言って、偉そうに」と思われるだけだからね。だからひたすら、選手のほうから「あのコーチに教えてもらいました」って言ってくれねえかなと祈る。まず言わないけどね。

吉見に関しては、教えたって言うほど大したことはしてない。2006年の入団だから、俺の3年目だったが、社会人からの希望枠入団で、最初からある程度完成していた。

スライダーがむちゃくちゃよかったけど、それだけだとプロの一流バッターは見極める。いつも選手に言ってたけど、ピッチャーはキャッチャーに向かって八の字にゾーンを広げていかなきゃいけないいんだ。ベース板をかすめるように内、外に行く球を使いながら広げていくと、ピッチングが楽になるからね。だから、そのために「シュートを覚えたらどうだ」と吉見に言ったんだ。

ヒジを痛めたことがあったらしく「いえ、ちょっと怖くて」と言うから、「俺はこうやって握っていたんだ」と見せた。実際、俺は握りだけだったたからね。ひねらないでインコースに投げたら、ちょっとだけ曲がるシュート。あいつにも「最初はバッターが、『あれ、回転してるけど、変化しないな』くらいでいいんだよ」という話をした。「ほんの少しだけ動く球だから、空振りは取れないが、少し詰まらせたり、『あ、こいつシュートがあるんだ』と、相手に思わせることはできる。それだけでもピッチャーはずいぶん楽になるんだよ」って。

俺が言ったのは、それだけ。吉見は「やってみます」と言って、やつなりにいろいろやったんだろうね。いつの間にか吉見流のいいシュートを投げていた。「監督、あれ使えます」って言ってくれたが、どういう練習をしたとか、どういう投げ方とかは聞いてないんだ。「そう、よかったな」とだけ言った。

一から十まで人に言われてできたことって、すぐできなくなる。でも、自分で苦労してつかんだものは忘れないし、さらに工夫し、もっとレベルを上げていくこともできるんだ。

中日の二軍監督時代、チェン（陳偉殷）もいた。ブルペンじゃすごい球を投げていたんだけど、試合になるとワンバウンドしたり大荒れになる。早く一軍で投げたいという意識が強過ぎて、それが力みにつながったんだろうね。

俺はこのままじゃダメだなと思って、投手コーチに言って、2週間くらいピッチングをさせず、キャッチボールと遠投、シャドーピッチだけでフォーム固めをさせた。嫌そうな顔をしていたけど、結果的には一軍やメジャーでも活躍する大投手になったからね。

頑張っていたら必ず誰かが見ている

コーチ時代もそうだけど、俺はみんなを集めるミーティングは、ハッパをかけるだけで、技術的なことは個別にやっていた。一つは個々の能力や野球に対する理解力の違いがある。年齢も違い、二軍なら一軍半的な選手、まだまだ育成段階の選手もいるしね。

実際、「お前、何をホームラン打たれたんだ」と言ったら「あれ？　何かな。分かりません」と真顔で言うやつもいた。あれは参ったよ。たまたま打たれて頭が真っ白になったというわけじゃなく、覚えておこうという気がないんだ。

プロは失敗を自分の糧にする積み重ねなんだけどな。次に対戦したとき、ああこの間はこれを打たれたな、じゃ違う球で行こう、あるいは、もう少しコースを厳しく狙ってみようかとか思いながら成長するわけだからさ。

差があると、下に合わせて話をしたら上がしらけるし、上に合わせると下が分からんでしょ。もっと言えば、技術に関してはタイプもある。ピッチャーなら体が突っ込む欠点があるタイプと、残る欠点があるタイプがいたら、同じことは言えんのよ。1対1で伝えたほうが絶対にいい。共通して言っていたのは「逃げるなよ」くらいかな。

選手に対し、そんなに怒ったわけじゃないが、ちんたらはさせなかった。いつも選手に言っていたのが、「一生懸命やったら必ず見てる人がいるよ」ということ。別にドラゴンズの一軍が呼んでくれなくても、ほかの11球団の関係者も見ているという意味さ。俺はいつも、ドラゴンズじゃなくてもいいから、その選手が少しでも長く現役を続けてほしいと思ってやっていた。

こういう考えは甘かったのかもしれない。力がないなら、早めに見切りをつけてやって、違う世界に進ませたほうが将来を考えたらいいと言っていた人もいた。それも正しいかもしれないけど、俺はやっぱり後悔なくやり切ってほしいし、そのための力になりたいと思ってやっていた。

あとね、儀式じゃないけど、一軍に上がる選手に必ず言ったのが、

「もう俺の顔を見ないようにしろよ」

要は、もう二軍に戻ってくるなって意味さ。何度も見ちゃったやつもいるけどね。

2006年限りで中日を退団し、3年くらいして前のヨメと、この店を始めた。

店には選手時代の仲間も来てくれるけど、時々、現役選手も顔を出してくれる。横浜時代の山口俊君（2022年は巨人）も何年だったか忘れたけど、まだ抑えをしていたころ来てくれた。書いてくれたサインには「来年こそセーブ王」とあるよ。

そのとき「君はいいシュートを持っているけど、バッターがあまり振らないだろ」という話をした。「はい」と言うから「それじゃボールになるだけだからもったいないね」と言ったら、少しこっちを見る目が変わった。単なる飲み屋をやってるOBじゃなく、現役っぽさを感じたみたいだね。

俺はインコースの攻めがうまいとよく言われたが、インコースというのは難しいんだ。全力で投げると、どうしてもコントロールミスが多くて、バッターに当てたり、甘くなって長打もある。でもね、実際、そこまでスピードがなくてもいいコースでもある。制球重視で、それこそ八分で投げればいい。

山口君にもそんな話をし、神妙な顔で聞いてはいたが、お酒も入っていたし、参考にしてくれたかどうかは分からないけどね。

EPILOGUE［終章］

再び某月某日『野球小僧』

「会員制にしているのは王さんが来てくれたから。突然来てくれて、そのとき短パン、サンダル履きのあんちゃんが店にいるなんて嫌だったから」

『野球小僧』の店内には、いろいろなものが飾られている。佐藤道郎さんの現役時代、コーチ時代の写真、表彰のペナント、選手、OBのサイン色紙……。その中で目立つのは、壁に直接書かれた王貞治さんのサインだ。

2人とも亡くなったけど、俺のプロ野球での恩師は、やっぱり野村さん、稲尾さんの2人だね。

野村さんは野球の恩師。あれだけ野球が好きで、しかも熱を持っている人を俺は知らない。いつも野球のことばっかり話していたからね。

あの人と一緒にやったから、引退したあと、いろんなチームでコーチができたと思っている。

でもさ、野村さんは2020年に亡くなられたけど、最後に交わした会話が、「お前は見合いを断りやがって」だからね。2018年のジャイアンツとホークスのOB戦のときさ。昔、監督とサッチーさんの紹介で見合いをしたことがあるんだけど断ったんだ。もう

50年くらい前の話なのに、会うたびに言ってきた。まさか最後の会話もそれとはね。

稲尾さんには人間を教えてもらった。優しくて、心が大きな人だった。なんであんないい人が70歳で死んだんだろうね。早過ぎだよ。

2007年に亡くなったとき、葬儀は親族と西鉄の親しいOBがほとんどだったけど、俺も呼んでもらい、棺《ひつぎ》も持たせてもらった。葬儀を仕切っていた池永正明さん（元西鉄）に「俺も持たせてもらえませんか」とお願いしたんだ。そしたら池永さんが「いいよ。稲尾さんは酔っぱらうとミチの話をよくしていたからな」って……。

今でも稲尾さんの命日には店で偲ぶ会をする。11月13日だから足すと背番号と同じ24なんだよ。不思議なもんだね。そのときは焼酎の「鉄腕伝説　稲尾和久」を飲む。アルコール度数はもちろん24度だよ。

店の中には、現役時代の俺の表彰のペナントも飾っているが、色も褪《あ》せてないし、きれいだってみんなびっくりする。実は、ずっと黒いビニール袋に入れて納戸《なんど》の中にしまいっ放しにしてたんだ。だから虫にも食われてないし、日に焼けて変色したりもない。

要は興味がなかったんで、ほったらかしにしていたってことね。草野球の監督をやっていた店の常連さんにたまたま見せたら「これはもったいないよ。店に飾ろう」となって、その人の弟さんが額縁屋だったんで、きれいな額を作ってくれたんだ。昔の自慢してるみたいで、ちょっと恥ずかしかったが、喜んでくれるお客さんもいるんで、ずっと店に飾っている。

店に来てくれた選手やOBのサイン色紙も飾っているけど、王さんだけは色紙だけじゃなく、壁に直接書いてもらったんだ。だって、うれしいじゃない、世界の王がこんな小さな店に来てくれたんだよ。

この店を会員制にしたのは、最初のころ、地方の野球教室とかでいないときもあったんで、前のヨメさん一人じゃ、おかしな客が来たとき、かわいそうだと思ってね。

彼女と別れたあともそうしているのは、王さんが来てくれたからさ。また王さんが突然来てくれて、そのとき短パン、サンダル履きのあんちゃんが店にいたら嫌だったからね。

王さんは最初に来たとき、こう言ってくれた。

『野球小僧』の壁に直接書かれた王氏のサイン

「『野球小僧』か。いい名前の店をつくったね。俺も野球小僧だったからさ」

うれしかったね。俺もそうだし、野村さんも稲尾さんもそうだよな。水島先生やエモや落合、ウチのお客さんもみんなそう。俺の周りは野球小僧ばっかりなんだよね。

最近は年で肩や腰が痛くなることはあるけど、まだまだ元気いっぱいさ。あっ、一つだけ深刻な病気があった。金欠病。コロナから店も暇で、これからどうなることやらだよ。

店がつぶれないうちに、遊びに来てよね。

同級生からの
推薦文①

「モーションでだまされた。盗塁のやりにくいピッチャーでした」

福本 豊（元阪急。世界の盗塁王）

ミチは1947年生まれの同級生です。今は仲いいけど、昔はそんなに話したわけじゃない。今と違って、相手チームの選手と話していたら怒られた時代ですからね。

僕は阪急、ミチは南海で何度となく対戦しましたが、南海は野村克也さん（兼任監督）が僕にいろいろ仕掛けてきました。チームでクイックやってきたのは南海が初めてだったし、僕の前の投手を歩かせて、さらに僕も歩かせたことがある。前に走者がおったら確かに盗塁はできへんですからね。

ミチは南海の中でも非常に盗塁がやりにくいピッチャーやったな、というのが思い出ですね。クイックがどうこう言う前からできていて、セットのときはちっちゃくて速いモーションでほうっていた。よくモーションでだまされましたね。速いモーションでガチャガチャとしてるときには変化球が多くて、ゆっくりゆったりして投げるときは速いボールと、普通と逆やったんですよ。

球がそんなに速いわけじゃないけど、かわすタイプではなく、思い切って、どんどん攻めてくる。コントロールも悪くなかったし、いいピッチャーでした。ミチは、よく僕に打たれたようなこと言ってますけど、あまり打った記憶がないんですよね。

ミチが本に何を書いているか楽しみです。早く読みたいですね。

（2022年12月）

同級生からの推薦文②

「当時の南海の野球と今のリリーフのあり方を見直すために、いい本です」

江本孟紀（元東映—南海—阪神。日本一辛口の野球評論家）

どっちが一かは別にし、ミチと僕は日本で一、二の態度のでかいOBです。

フクちゃん（福本豊）もそうですが、僕らは同学年、1947年生まれの団塊の世代で、プロに入った連中はたくさんいます。ミチはその中で目立っていた選手の1人でした。

僕は彼と違って社会人を経由してプロ入りし、東映で1年やったあと、南海で一緒になりましたが、ミチもそうだし、法政大学で一緒にやっていた黒田正宏、堀井和人もいた。同じくらいの年齢の選手がたくさんいたので、ノムさん（野村克也兼任監督）にチクチク怒られながらも、最初からやたら居心地がよかったことを思い出します。

同世代は、みんな仲はよかったですが、夜はそれぞれバラバラ。みんな朝まで帰ってこないのは同じですけどね。僕ら2人は少々目立ち過ぎたのか、ノムさんに「しめしがつかんから寮を出て行け」と言われ、籍だけ置いて出て行きました。

ミチは1年目からリリーフエースとしてチームの柱になっていました。僕は先発でしたが、お互いに競争し合って、それがよかったと思います。ミチはよく「エモのリリーフはタイミングが分からん」と言ってました。僕はコントロールが悪かったから、フォアボールで崩れるかと思ったら、急に三振を取りまくったりしていたので、確かに準備は難しかったでしょうね。

僕が逆にミチのリリーフをしたのが阪急とのプレーオフです。リーグ優勝が決まる第5戦の9回裏二死ですね。2対0からミチがソロ本塁打を打たれ、1点差になったときです。

ノムさんは交代を嫌がるミチを、僕が準備できてるからと言って説得したみたいですけど、そんなのウソ。何もしてなかった。スパイクは履いていたけど、グラブと帽子もなかったですからね。それに僕はこのプレーオフ、1戦目にセーブ、2日前は完投ですよ。それが2対0の

右から江本氏、福本氏、佐藤氏。『野球小僧』にて

9回裏に登板の準備をするわけないじゃないですか。

ただ、あの本塁打で球場の雰囲気がガラリと変わったのは確かです。ノムさんは雰囲気を変えなきゃと思って交代させたんだと思います。こっちは勢いだけで、ストライクがまったく入らなかったけど、バッターの高井保弘さんが力んで勝手に振ってくれました。

語り出すと、いろいろありますが、これはミチの本なので、また違う機会とします。

発売前に読ませてもらいましたが、当時の南海の野球と今のリリーフのあり方を見直す、いい本だと思いました。

あと、ミチの店が最近暇みたいなんで、一度、遊びに行ってやってください。

（2022年12月）

太字はリーグトップ

勝率	投球回	安打	本塁打	四球	死球	三振	防御率
.750	144.2	93	18	32	3	104	**2.05**
.667	93.2	89	16	45	3	66	4.60
.750	154.0	115	13	58	4	93	2.51
.478	130.1	117	14	38	3	76	3.18
.467	131.2	114	7	36	3	77	**1.91**
.500	150.2	153	12	46	5	67	2.50
.692	136.0	122	8	29	3	56	2.25
.545	202.2	210	17	61	8	79	3.46
.273	83.1	111	12	19	6	40	6.18
.286	64.1	72	8	28	4	38	4.50
.000	12.0	20	2	6	0	7	11.25
.561	1303.1	1216	127	398	42	703	3.15

『野球小僧』に飾られた佐藤氏の表彰ペナント

PROFILE

本作の語り部

佐藤道郎

さとう・みちお●1947年5月5日生まれ。東京都出身。右投右打。身長181㎝、体重87kg（現役時代）。日大三高から日大に進み、４年時は春秋と東都大学リーグを連覇し、いずれもMVPに。ドラフト１位で1970年南海入団。主にリリーフとしてフル回転し、同年新人王と最優秀防御率を獲得。その後、72年最優秀勝率投手、74年は最優秀防御率、最多セーブ、76年は最多セーブを手にした。79年大洋に移籍し、80年限りで現役引退。評論家生活を挟みながら、ロッテ（84～86年）、中日（91～92年）、近鉄（93～96年）でコーチを歴任。2004年から06年まで中日の二軍監督にも就いた。現在は会員制スナック『野球小僧』店主

佐藤道郎年度別投手成績

シーズン	所属	試合	完投	完了	当初	無点勝	無四球	勝利	敗北	引分	セーブ	SP
1970	南　海	**55**	1	**47**	2	0	0	18	6	**3**		
1971	南　海	39	0	**27**	3	0	0	8	4	3		
1972	南　海	**64**	0	**44**	2	0	0	9	3	1		
1973	南　海	**60**	1	**50**	1	0	0	11	12	1		
1974	南　海	**68**	0	**58**	0	0	0	7	8	**8**	**13**	
1975	南　海	42	3	34	4	0	0	9	9	5	6	
1976	南　海	**54**	2	**44**	2	1	0	9	4	3	**16**	
1977	南　海	38	7	14	13	1	1	12	10	3	0	3
1978	南　海	25	1	4	14	1	0	3	8	1	0	0
1979	大　洋	43	0	24	0	0	0	2	5	4	4	6
1980	大　洋	12	0	5	0	0	0	0	0	0	0	0
通算11年		500	15	351	41	3	1	88	69	32	39	9

本作の主要人物

野村克也

のむら・かつや●1935年6月29日生まれ。2020年2月11日死去。京都府出身。右投右打。身長175cm、体重85kg（現役時代）。峰山高から54年にテスト生として南海入団。56年春のキャンプで頭角を現して正捕手に定着、翌57年には初タイトルとなる本塁打王に。以降数々の打撃タイトルを獲得し、65年には戦後初の三冠王に輝いている。70年からは兼任監督に。77年限りで退任となると、ロッテ、西武へと移籍し、80年限りで現役引退。その後はヤクルト（90～98年）、阪神（99～2001年）、楽天（06～09年）で監督を務めた。監督としてはリーグ優勝５回、日本一３回。通算成績3017試合、2901安打、657本塁打、1988打点、117盗塁、打率.277

稲尾和久

いなお・かずひさ●1937年6月10日生まれ。2007年11月13日死去。大分県出身。右投右打。身長180cm、体重80kg（現役時代）。56年に西鉄へ入団、21勝、防御率1.06で最優秀防御率に輝く活躍で新人王に。翌57年からはフル回転で投げ続け、58年に史上初の２年連続MVP。西鉄黄金時代をけん引し、〝神様、仏様、稲尾様〟と言われた。61年にシーズン最多タイ記録の42勝を挙げ、62年には史上最速で200勝到達。69年限りで現役引退、翌70年から74年まで西鉄・太平洋の監督を務めた。84年から86年まではロッテの監督にもなっている。通算成績756試合登板、276勝137敗、防御率1.98

落合博満

おちあい・ひろみつ●1953年12月9日生まれ。秋田県出身。右投右打。身長178cm、体重82kg(現役時代)。秋田工高から東洋大中退、東芝府中を経てドラフト３位で79年ロッテ入団。81年に首位打者に輝くと、翌82年には史上最年少の三冠王に（当時）。86年には２年連続、史上最多三度目の三冠王を獲得した。87年に中日へ移籍、89年には史上初の両リーグ打点王、翌90年には史上初の両リーグ本塁打王。94年に巨人へFA移籍。97年に日本ハムへ移り、翌98年限りで引退。2004年から11年まで中日監督としてリーグ優勝４回、日本一１回。13年オフに中日GMに就任。17年1月退任。通算成績2236試合、2371安打、510本塁打、1564打点、65盗塁、打率.311

酔《よ》いどれの鉄《てつ》腕《わん》。

野《や》球《きゅう》と酒《さけ》を愛《あい》した鷹《たか》のクローザーの回《かい》顧《こ》録《ろく》

2023年1月31日　第1版第1刷発行

著者　佐藤《さとう》道郎《みちお》
発行人　池田哲雄
発行所　株式会社ベースボール・マガジン社
〒103-8482
東京都中央区日本橋浜町2-61-9　TIE浜町ビル
電話　03-5643-3930（販売部）
03-5643-3885（出版部）
振替口座　00180-6-46620
https://www.bbm-japan.com/

印刷・製本　広研印刷株式会社

Printed in Japan
ISBN978-4-583-11569-6　C0075

デザイン＝浅原拓也
校閲＝稲富浩子
写真＝BBM
構成＝井口英規

SPECIAL THANKS
江本孟紀、福本豊、福岡ソフトバンクホークス